「発酵食堂 豆種菌《まめたんきん》」の

麹《こうじ》の料理

豆種菌 料理長
伏木暢顕

日本文芸社

はじめに

甘酒は好きですか?

正直いうと数年前まで、私は甘酒が苦手でした。甘酒＝酒粕《さけかす》で作ったもの、と思い違いをしていたのです。
そのため、麹《こうじ》で作った甘酒を無理やり飲まされたときは衝撃的でした。
これが甘酒?と驚くと同時に、甘酒に鮭を漬けたらおいしいだろう、土瓶蒸しにしても合うだろう、と
次々に料理のアイデアが浮かんできました。
甘酒でいろいろな料理を作るうちに、今度は麹のよさを生かしつつ甘くないものは作れないか?と考えるようになりました。
試行錯誤の末でき上がったのが、今、店で出している麹漬けです。
実験、試作を繰り返し、あらゆるものを漬けて食べて、豆種菌の発酵料理はでき上がりました。そして、現在も進化中。

麹の甘酒と出会った頃にテレビ番組で観た、ウイルス学者のひとことが印象的でした。
「微生物も、悪気があって悪さをしているワケじゃない」
菌は生き物である。その仲間の「麹菌」もしかり。
発酵は人間ではなく、微生物が行うこと。
人間が食物を発酵させるのではなく、微生物に発酵してもらっている。
「麹菌」が自分と同じ生き物だと考えた途端、急に身近な存在に感じられ、
「麹菌」が行う「発酵」という現象にますます興味がわきました。
気づけば、発酵一筋。仕事はもちろん、頭も心も発酵しているのではないかと思うほど。

本書では、発酵食の中でも日本の伝統食である「麹」を使って漬け床を作り、それに漬け込む料理を中心に紹介しました。
麹の漬け床に漬け込めば食品を無駄にしないだけでなく、漬け床自体も最後まで活用することが可能です。
そればかりか、麹が素材のおいしさを引き出し、食品を体に負担なくとり入れる手助けもしてくれる。
私にとって麹の漬け床は『魔法の漬け床』といえます。

本書を、「発酵」という微生物の神秘的な営みに、興味を持つキッカケとしていただければ幸いです。

豆種菌・料理長　発酵王子こと
伏木《ふしき》暢顕《のぶあき》

その他の漬け床　みそ床&ぬか床

素材を漬けるときの注意点

・この本で使用しているのは「米麹」です。
・麹は生き物なので、漬ける日数はあくまで目安です。季節や家庭の菌環境、人それぞれの常在菌によっても違ってきます。また、目安の日数を過ぎるとアルコール発酵する可能性があり、おいしくありません。それ以降に食べる場合は、さらしや保存袋から出し、ラップ、アルミホイルで順に包んで冷蔵庫で保存。アルコール発酵を遅らせることができます。嫌な臭いがしたら、食べるのをやめましょう。
・漬ける際の甘酒、塩麹、みそ床の量はあくまで目安です。漬け込む材料の大きさによっても変わります。肉や魚はさらし全体が湿るくらいの量を加えます。野菜には漬け床を多めに加え、野菜を漬けた後の汁はみそ汁や煮物に使いましょう。
・漬ける日数の1日は約24時間、一晩は8時間程度を意味します。

素材を漬けるときの作業の流れ

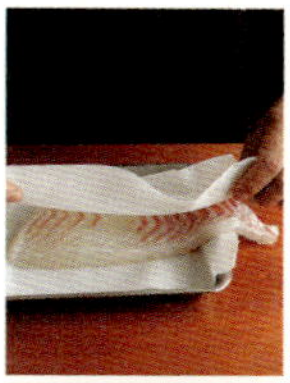

1 素材の水けを拭く
特に肉や魚のドリップは腐敗のもと。ペーパータオルでよく拭く。

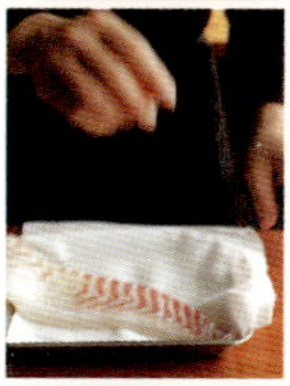

2 塩を振る
甘酒に漬けるときは強めに、塩麹やみそ床に漬けるときは軽めに振る。魚は塩を振ってしばらくおき、水けが出てきたらペーパータオルで拭く（臭みもとれる）。

3 漬け床に漬ける
野菜は保存袋に入れ、漬け床を加えてよくなじませる。魚や肉はさらしでしっかりと巻いて保存袋に入れ、漬け床を加えて全体になじませる。漬け床の量はさらし全体が湿るくらいが目安。

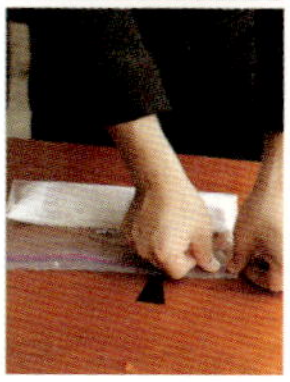

4 保存する
空気を抜いて袋の口を閉じ、冷蔵庫で保存。野菜のぬか漬けだけは冷蔵庫に入れず、常温で保存。

分量や材料のこと

・小さじ1＝5mℓ、大さじ1＝15mℓ、1カップ＝200mℓ、1合＝180mℓです。
・火加減は特に表示のない限り、中火です。
・塩、こしょうなどの「少々」は親指と人さし指2本の指先で、「1つまみ」は中指を加えた3本の指先で軽くつまんだくらいの量です。「1つかみ」は、片手でわしづかみにつかんだ量です。
・ことわりのない限り、しょうゆは濃口しょうゆ、みそは好みのみそのことです。
・材料の「だし」は、削り節、昆布、煮干しなどでとったものです。市販の和風だしの素を使う場合は、表示通りに薄めて使ってください。
・レシピ上、野菜の「洗う」などの作業は省略してあります。

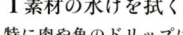

発酵食、ここがすごい！

発酵とは、微生物が行う活動の中で人間の体にとって有益なもののこと。逆に、有害なものを腐敗と呼んでいます。身近なところでは、みそやしょうゆ、酢、ぬか漬け、納豆、さらにはかつお節の枯節《かれぶし》も発酵食品のひとつ。ここでは、その魅力、驚きのパワーをご紹介。

保存ができる

発酵は、もともと食材を保存するための知恵。貴重な食べ物を保存するための手段として考えられたものです。日本各地（特に日本海沿岸）に伝わる「熟鮓《なれずし》」も、その中のひとつ。種類豊富な漬け物も、野菜がたくさん採れない冬に食料を確保するために工夫されたものです。

発酵菌が出す酸はたいていの腐敗菌にとっては脅威であるため、その中の微生物が生きている限り、一度発酵したものが腐敗することは限りなくゼロに近くなります。そのことを、昔の人は自らの経験から知っていたのでしょう。

冷蔵庫がある現代においても、発酵のおかげで食材を無駄にすることがさらに減少します。捨てがちな部分（野菜の葉や魚の骨）も、発酵によって食べられる→ゴミが減る→エコにもつながります。

独特のうまみと香りがある

発酵食に共通するのが、クセになるような香りと風味。これは、微生物の生理作用によって生まれるものだとか。しょうゆ、みそ、かつお節、納豆、ぬか漬け…どれも特有の香りを放ち、それもおいしさのひとつになっています。

もう一つは、うまみ。発酵前の食材にはない、甘い辛いだけでは表現できない複雑な味わいも、発酵という現象のたまもの。人間の味覚、五味＝甘、辛、酸、苦、鹹（塩辛い）に次ぐ6つめの味「うまみ」。その代表が、日本の「だし」と発酵調味料のしょうゆといわれています。「だし」に欠かせないかつお節（枯節《かれぶし》）も発酵食品と考えると、発酵と「うまみ」には深い関係があることがわかります。

分解力で免疫力がアップ!

人間の体には「消化酵素」と「代謝酵素」という二つの潜在酵素があります。「消化酵素」は食べ物を分解する酵素、「代謝酵素」は美容や免疫力などにかかわる酵素。毎日生産されますが、その能力は年齢とともに低下します。消化の悪い物ばかりを食べていると「消化酵素」が足りなくなり、体を作るべき「代謝酵素」が消化にまわされてしまいます。そこで、発酵食の出番! 発酵食は微生物がすでに食材を分解してくれているので、体の中の消化酵素の消費を軽減してくれます。「消化酵素」を節約できるから「代謝酵素」を本来の働き——免疫力を上げること——に使うことができるのです。

また、腸で人間の免疫力の70%は決まるといわれています。というのは、免疫細胞をつかさどる白血球の中のリンパ球の約70%が腸に集中しているため。腸には体に有益な働きをする「善玉菌」、有害物質を作る「悪玉菌」、それと二つの菌の勢力が強いほうに味方する「日和見菌《ひよりみ》」の三種類の腸内細菌がいます。善玉菌が増えれば腸内環境が整い、悪玉菌が増えると腐敗=下痢や便秘に。発酵食には善玉菌を増やす働きがあることからも、発酵食=免疫力アップ、というのも納得できます。

麹の話

「麹」って何？

麹は、米や麦、大豆などの穀物に火を入れて、種《たね》麹《こうじ》（通称、もやし）を振りかけ、麹菌（＝麹カビ）を繁殖させたもの。米に振りかければ米麹、麦に振りかければ麦麹、豆なら豆麹ができます。みそを原料別に分類する場合、米みそ、麦みそ、豆みそなどに分けられますが、これは麹菌を何に繁殖させるかの違いによるものです。

麹菌はカビの一種です。乾燥地帯には発生しにくく、日本のように湿気が多い気候でしか生育できません。日本同様に湿気の多い東南アジアや東アジアにもカビは存在し、発酵食品も作られますが、その麹を作るカビはクモノスカビ属や毛カビ属。世界中を探しても麹菌（アスペルギルス属）で麹を作るのは日本だけ。ですから、麹菌を使った発酵食品は日本でしか作れません。オランダのアムステルダムに住む知人がみそ作りにチャレンジしましたが、麹菌が繁殖せず、みそにはなっていないようです。本人は「みそだ！」と言い張っていますが。

麴菌は、２００６年に日本醸造学会で国菌に認定されました。

ちなみに、「麴」を「糀」と書くことがありますが、正式には「糀」と書くのは、目に見える製品になったときだけ。「糀漬け」「生米糀」とは書きますが、「糀菌」とは書きません。

麴菌の種類

日本には、約２００種類の麴菌が生息しているといわれています。その中で、日本酒、米酢《よねず》、みそ、みりん作りのほとんどに使われているのが、「ニホンコウジカビ」。別名「黄麴菌《きこうじきん》」、学名「アスペルギルス　オリゼー」。世界でも有数の分解力をもつ酵素を生産し、中でも、でんぷんをブドウ糖に分解する酵素＝アミラーゼと、タンパク質をアミノ酸に分解する酵素＝プロテアーゼを作る働きが強いといわれています。

しょうゆ作りには、「ショウユコウジ」（別名「醤油麴菌」学名「アスペルギルス　ソーエ」）といわれる菌が使われます。ニホンコウジカビよりもさらにプロテアーゼ（タンパク質を分解する酵素）の力が強いので、大豆が原料のしょうゆには、こちらが向いています。みそも大豆が原料ですが、ショウユコウジを使うと甘みが足りないのでニホンコウジカビを使う場合も多々あります。

麹を使う醸造家は、アミラーゼとプロテアーゼという二つの酵素をどのように生かすか――糖化能力の強い麹を作るか、タンパク質分解能力の強い麹を作るか――どのような味にしたいかなどで使い分けたり、ブレンドしたりしています。ここぞ、プロの腕の見せどころです。

麹菌にはほかに、泡盛に使われる「泡盛黒《くろ》麹菌」(学名「アスペルギルス　アワモリ」)やかつお節に使われる「カツオブシ菌」(学名「アスペルギルス　グラウクス」などがあります。沖縄の豆腐ように使われるのは「紅《べに》麹菌」(学名「モナスクス　アンカ」)といわれる菌で、ニホンコウジカビと同じコウジカビ科ですが、麹カビ(アスペルギルス)属ではなくモナスクス属です。

麹の健康&美容効果

麹が健康にいい理由の一つは、麹菌が穀物に繁殖するときに100種類以上の酵素を作るから。「酵素」とはタンパク質の一種で、生物の体内で起こるほとんどすべての化学反応――物質の合成や分解、輸送、排出、解毒など――にかかわっています。つまり、人間が生きていくためには必要不可欠。その酵素が、麹には大変豊富なのです。

一つの酵素は一つの働きしかしません。ということは、麹には１００以上の酵素の働きがあり、その代表が、前出の二つの分解酵素、アミラーゼとプロテアーゼ。ほかに、脂肪分解酵素＝リパーゼ、食物繊維分解酵素＝セルラーゼなどの酵素も生産されます。これらの麹菌の酵素を活動している状態でとり入れたいなら、加熱していない麹の漬け床に野菜や刺し身を漬け込み、生のまま食べましょう。ただ、加熱した場合でも、人間の口に入る前に麹菌の酵素が食べ物をあらかじめ分解してくれるので、消化吸収しやすくなり、体に負担をかけずに食べ物をとり入れることができます。最近では、加熱によって失われがちな酵素やビタミンをとるために食材を極力生のままで摂取しようという食生活の方や、野菜の食物繊維（＝セルロース）を分解するために野菜は必ず加熱して食べる、という方からも、麹の酵素は注目されています。

麹菌の利用は食べ物だけにとどまりません。メラニン色素を抑制する効果があるといわれるコウジ酸を含むため、美白化粧水にも使われるほか、その消化酵素が胃腸薬などにも利用されています。

魔法の漬け床 1

甘酒床

麹で作る甘酒床は、万能麹床と言い換えることもできます。そのまま飲める、食材を漬ける床として使える、調味料にも使えるなど、とにかく使い道が豊富だからです。

ブドウ糖が20％以上含まれ、ビタミンB群やミネラル、食物繊維などが豊富。米のタンパク質は麹菌によって必須アミノ酸に変化するなどなど、昔から夏場の健康食として親しまれてきたのにもうなずけます。美容や健康にとても効果的で、甘酒教室の生徒さんからは、「肌がきれいになったといわれる」「お通じがよくなった」などの声が寄せられています。

何より50～60℃という温度で作るので、麹に含まれる酵素は元気なまま。野菜や刺し身を漬けて生で食べれば、活動中の酵素を体にとり入れることも可能。酵素のおかげで潜在酵素を少ししか消費しなくてすみます。発酵物の中でも、納豆と甘酒だけは塩を使わないので、塩分を控えたい人にもおすすめです。

もし、時間がたって酸味が出てきてしまっても、塩と油を足せばドレッシングとして使用可能。失敗しても古くなっても、最後まで使えるのも魅力です。

甘酒床活用術

甘酒は飲むだけじゃもったいない！　その活用法は無限大。最後の一滴まで、捨てるところがありません。

甘酒床を作ったら！

調味料として使う

甘酒は砂糖の代わりに調味料としても使える。自然な甘みでくどすぎないおいしさに。ときにはみりん、酒の役目もしてくれるので、和風の甘辛味なら甘酒＋しょうゆで完成！

飲む

体にいいことといっぱいの甘酒は、まずはそのまま飲んで楽しむ。フルーツや野菜を入れて、1日おいてから飲んでもおいしい。

漬ける

野菜も魚も、安い素材でも驚くほどおいしくなる。酵素を体にとり入れたい場合は、生のまま食べよう。野菜は根菜や葉もの、魚は白身魚や青魚が向くほか、鮭もおいしい。野菜を漬けた汁には、野菜のうまみと活動中の酵素が残っているので、みそ汁が少し冷めたところに加え、作りたてを飲もう。漬ける日安の日数を過ぎると、アルコール発酵しておいしくないことも。

漬けて加熱

漬けたものを焼く、煮る、汁ものに。漬けることで、麹が炭水化物をブドウ糖に、タンパク質をアミノ酸（うまみ）に変えてくれるので、その後の調理はシンプルに！　調味料をたくさん加えなくても、十分おいしい。

酸っぱくなっても、料理に活用

作ってから日数が経ち、少し酸味が出てきたら（夏は１～２週間、冬は１カ月くらい）、ドッシングやあえものに使う。漬け床として使えなくはないが、味がよくない可能性も。

甘酒床を作る

おかゆに麹と水を加えて作る、昔ながらの甘酒。麹は50℃以下だと糖化せず、60℃以上で加熱すると麹菌の酵素が失活しはじめるので、50～60℃で保温して作ります。炊飯器の保温機能を利用した手軽な方法をご紹介。

材料（5合炊き炊飯器の場合）

おかゆ

- 米……1合（180mℓ）
- 水……4合（720mℓ）

米麹……2合（約230g）

水……600～900mℓ

※写真は、麹と一緒に加える水を750mℓにして作成。とろみが欲しい場合は600mℓで、さらりとしたタイプが好きな人やたくさんの量を作りたい人は900mℓで作ってください。

※乾燥麹を使う場合はp.52 **1**を参照してほぐしてから、同様に（麹の量も水分量も生麹のときと同じ）。ただし、甘酒をそのまま飲む場合は「生の米麹」がおすすめ。

※水は水道水を利用。ミネラルウオーターは熱殺菌されているので不可。

※炊飯器が3合炊き以下の場合は、半分の分量で作りましょう。

保存容器

1.5ℓ前後のホーローやプラスチックなどの保存容器を使用。ステンレスやアルミ製の保存容器は麹菌の分解により、長期保存すると穴が開いてしまうおそれがあるためNG。

保存方法

冷蔵保存で1週間くらいはそのまま飲める。それ以降も料理に使用可。夏は1～2週間で、冬は一カ月くらいに酸っぱくなるが、ドレッシングなどに活用を。

1 おかゆを作る

米を洗い、ざるに上げて水けをきる。鍋に入れ、4倍量の水を加えてフタをして中火にかけ、煮立ったら弱火にして30～40分炊く。

おかゆが炊けた状態。おかゆは好みの固さでOK。炊飯器の「おかゆ」機能を使って炊いてもいいし、米から炊かなくても残っているごはん約350gに水を加えて煮てもいい。

2 おかゆに水を加え、よく混ぜる

おかゆを炊飯器の内釜に移し、水を加え、ダマがないようにゴムベラでよく混ぜる。これは、発酵ムラと腐敗を防ぐため。

米の中に腐敗菌があった場合、おかゆがダマになっていると、米の中から繁殖して腐敗する可能性があります。

3 米麹を加える

おかゆに水を入れたものが50℃以下まで冷めたら、米麹を加えてよく混ぜる。

おかゆが熱いうちに麹を混ぜると麹菌が死んでしまうので、必ず冷まします。冷めているほどいい。

4 炊飯器で保温する

炊飯器に内釜をセットし、菜箸をはさんで炊飯器のフタを閉め（菜箸で、完全に閉まらない状態になる）、そのまま保温する（50 〜 60℃をキープ）。時間の目安は８時間。１〜２時間おきに混ぜるとベスト。

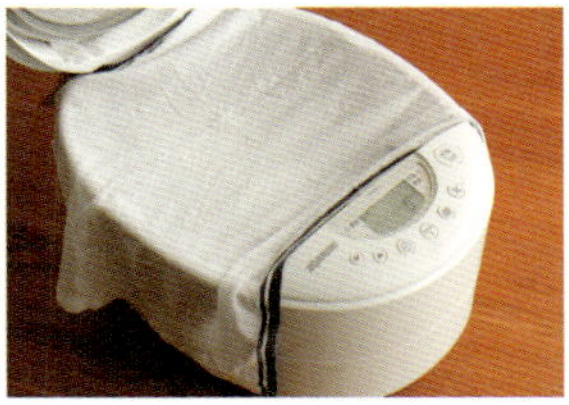

菜箸をはさむ代わりに、ぬれぶきんをかぶせてフタは開けっ放しにしてもいい。

麹菌は生き物。菌の状態によっても、保温時間が変わります。甘いと感じるまで保温してください。

5 完成

保温後、なめてみて甘みが足りない場合は、米のでんぷんがブドウ糖に分解されていない証拠。さらに１時間保温する。甘酒ができたかどうかは「甘いかどうか」しかない！

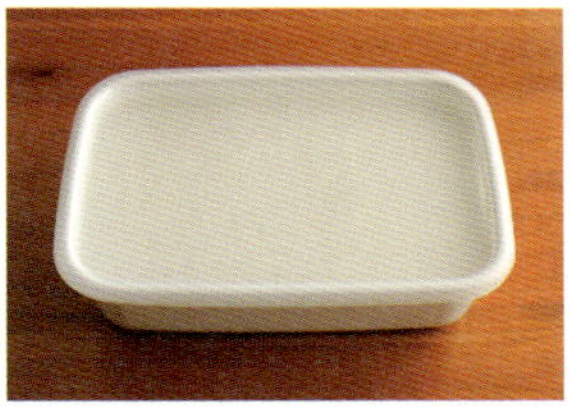

6 保存する

粗熱がとれたら保存容器に入れ、フタを軽くのせて冷蔵庫で保存する。

完成してからも、甘酒は発酵を継続中。密閉容器の場合はフタを完全に閉めず、のせるだけにしましょう。

まずは、そのまま飲もう！

でんぷんの自然な甘みの甘酒。アルコール分はないので、朝、飲んでもOK！　お酒を飲む前に、お猪口１杯分飲んでおくと二日酔いになりにくい。

●炊飯器以外では

ヨーグルトメーカーでも作ることが可能。温度設定ができるものなら、失敗なく作れる。55℃に設定し、８時間保温する。容量が小さいので、半分量で作るのがおすすめ。おかゆの作り方、炊飯器に入れる前まで、保存方法は同じ。

●玄米甘酒の作り方

①玄米（三分づき、または五分づき米）でおかゆを炊き、米麹を使う方法　②白米でおかゆを炊き、玄米麹を使う方法　③玄米（三分づき、または五分づき米）でおかゆを炊き、玄米麹を使う方法の３種類があります。どれも作り方は、このページの作り方と同じ。ただし、まったく精米していない玄米では、甘酒は作れません。

漬ける

野菜の甘酒漬け

野菜の麹漬けといえば、代表的なのがべったら漬け。紹介するレシピは、塩を強めにすり込み、甘さをそれほど感じないよう仕上げた野菜の麹漬けです。栄養分は皮の近くに多いので、なるべく皮つきのまま漬けます。

材料（作りやすい分量）

里いも……２個
小松菜……１束
大根…… 1/4 本
（長さ半分、縦半分）
にんじん…… 1/2 本
（縦半分）
甘酒（p.17）
…… 1/2 ～ 3/4 カップ
塩……適量

作り方

1 里いもは皮をむき、小松菜は根元を落とし、長さを半分に切る。大根、にんじんは皮をつけたまま。

2 保存袋に **1** を入れ、塩を強めに（特に里いもは強めに）振り、全体にすり込む。

3 野菜が浸るくらい甘酒を加え、全体にもみ込み、空気を抜いて袋の口を閉める。冷蔵庫に入れて、小松菜は半日、大根とにんじんは１～４日、里いもは３日から食べられる。食べるときは、洗わず、そのまま食べやすく切り分ける。

ほかの野菜なら／かぶ、みょうが、山いもなど

※野菜の色が変色してきたら、アルコール発酵している可能性が高い。p.94を参照し、料理に使いましょう。

甘酒のときは塩を多めに振る。全体にすり込むように。

漬かりやすいよう甘酒は多めに加える。漬けた後の汁を再使用（p.15参照）すれば無駄にならない。

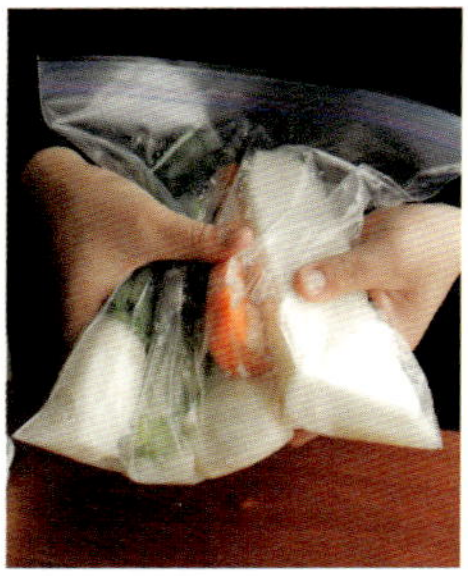

袋の外からもみ込み、甘酒を全体になじませる。

空気を抜いて、口を閉じる。

漬ける

真鯛の刺し身の甘酒漬け

たとえ特売の刺し身でも、甘酒に漬けるとうまみとねっとり感がある極上の刺し身が完成。ポイントは、①さくごと漬ける ②塩を強めにする ③さらしでしっかり丁寧に巻き、端までくるむ、の三つ。

材料（2～3人分）
真鯛（刺し身用）……1さく
甘酒（p.17）……大さじ4～5
塩……少々

作り方

1 真鯛はペーパータオルで余分な水けを拭く。全面に塩を強めに振り、しばらくおいて表面に水が出てきたらペーパータオルで軽く押さえて、水けを拭きとる(臭みもとれる)。

2 さらしでしっかりと巻き、端もきちんと折って全面をくるむ。

3 保存袋に入れ、甘酒を片面ずつそれぞれ加え、全体になじませる。甘酒の量は、さらし全体が湿ればＯＫ。

4 保存袋を巻きながら空気を抜き、袋の口を閉じて、冷蔵庫に入れて１日おく。

5 食べるときに切り分けて器に盛り、わさびを添える。あれば、もずく、おかひじきをゆでたもの、菊花などを飾る。

ほかの刺し身なら／あじ、サーモン、たこ、つぶ貝

※表面が白くなってきたら、アルコール発酵したおそれあり。味が落ちている可能性も。

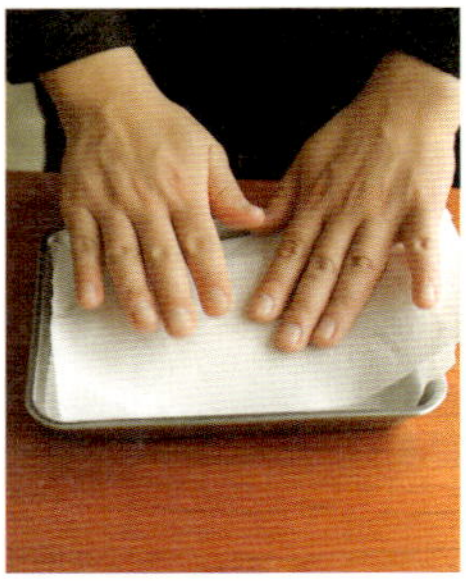

漬ける前に、必ず丁寧にペーパータオルで水けを拭く。

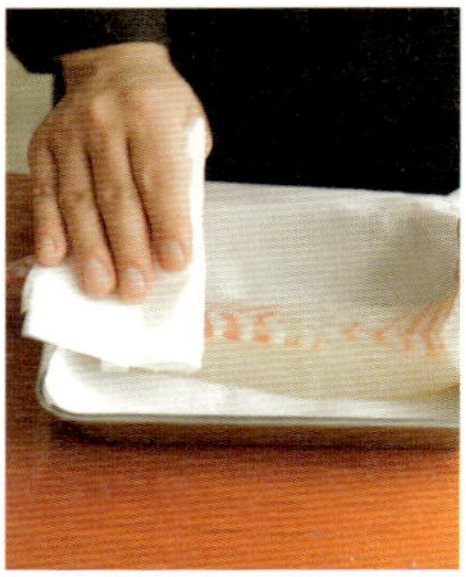

塩を強めに、全体にまんべんなく振る。10分くらいおいておくと、水けと共に臭みも出てくるので、ペーパータオルで軽く押さえて拭く。

さらしでしっかりと丁寧に巻く。さらしで巻くと発酵ムラがなくなり、魚が白くなることもない。甘酒が少なくても、全体に味が回る効果も。

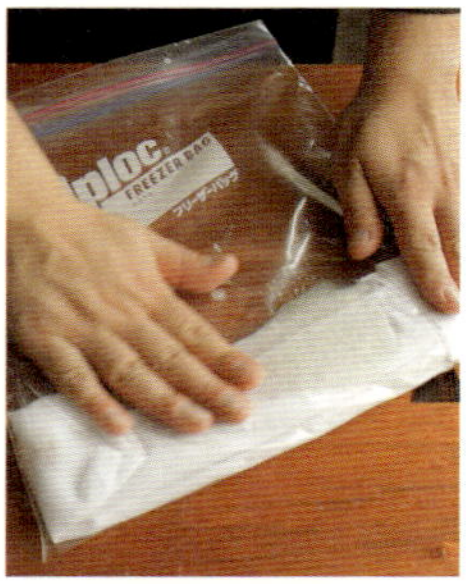

甘酒の量は、さらし全体が湿ればＯＫ。袋の上から丁寧に押さえて、全体になじませる。

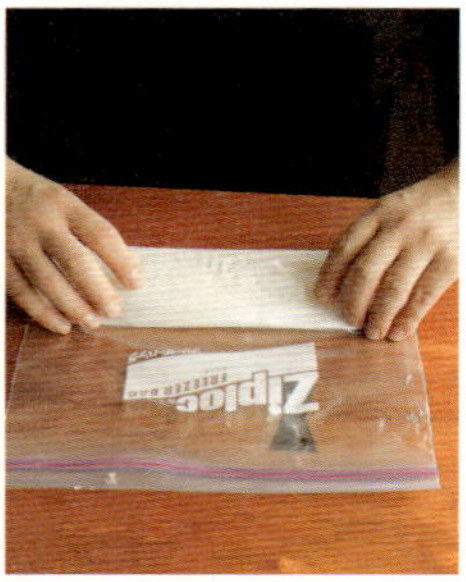

袋を巻きながら空気を抜き、口を閉じて、冷蔵庫へ。

漬ける

かぶら寿司《ずし》風

本来は、塩漬けにしたぶりをかぶにはさみ、固めに作った甘酒ではさんで2週間ほどかけて作る「かぶら寿司」。甘酒に余りごはんを混ぜて固くし、薄切りの野菜とスモークサーモンを使った、一日漬けるだけの手軽なレシピにして紹介します。

材料（2～3人分）

甘酒（p.17）……茶碗1/3杯分
ごはん（残りごはんなど）
……茶碗1/3杯分
ラディッシュ……1パック
（5個）
かぶ……1個
スモークサーモン
……8～10枚
にんじん……細1/2本
ゆずの皮……少々
塩……適量

※ごはんは、冷たいものか生温かいものならOK。アツアツのものはNG。

作り方

1　ボウルにごはんを入れ、甘酒を加えて混ぜる。もったりとした感じになればOK。

2　ラディッシュは葉を落とし、厚みの2/3まで縦に切り目を入れる。かぶは葉を落とし、皮つきのまま1cm幅の輪切り（約3等分）にし、厚みの2/3まで切り目を入れる。それぞれ塩を振り、切り目にもしっかり塩をすり込み、野菜の水分を抜く。

3　にんじん、ゆずはせん切りにする。

4　**2**の野菜の切り目にスモークサーモンを1枚ずつはさむ。

5　保存容器に**1**を薄く敷き、**4**を並べる。にんじんのせん切り、香りづけのゆずを順にのせる。フタをするように**1**の残りを全体に伸ばし、最後に塩を振る。落としラップをし、味が均一になるようにギュッと押し、フタをして冷蔵庫へ。1日～1日半おけば食べられる。季節にもよるが、冷蔵庫で約1カ月半は持つ。

甘酒にごはんを混ぜたものを保存容器全体に薄く敷き、その上に魚をはさんだ野菜を並べる。

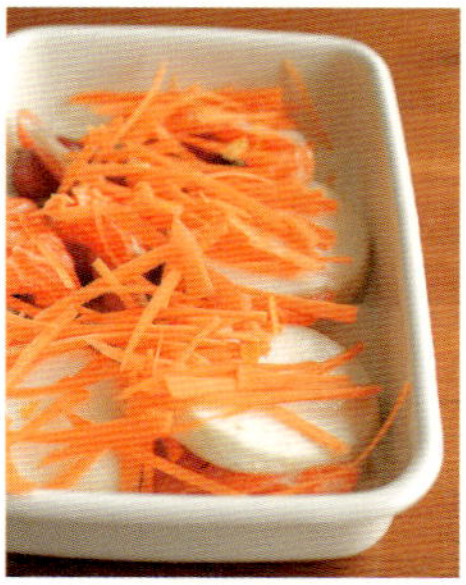

にんじん、ゆずをのせる。

一番上に甘酒をのばす。甘酒でフタをするような感じで。腐敗防止のために、落としラップ（ぴったり貼りつける）をする。

漬けて焼く

銀だらの甘酒漬け焼き

甘酒に漬けた白身魚は、西京焼きと粕漬けの中間のような味。身もふっくらやわらかになります。つけ合わせには消化酵素を持つ大根をおろして添え、さらに体に負担をかけない工夫を。

材料（２人分）

銀だら……２切れ
甘酒（p.17）……大さじ３〜４
塩……少々
大根おろし……適量

作り方

1 銀だらはペーパータオルなどで水けを拭き、両面に塩を強めに振る。しばらくおいて表面に水けが出てきたら、ペーパータオルで丁寧に拭く。

2 １切れずつさらしでしっかりと巻き、保存袋に入れ、甘酒を加えて全体になじませる。空気をしっかり抜いて袋の口を閉め、冷蔵庫に１〜２日おく。

3 とり出し、よく熱した魚焼きグリルで身側から強火で焼く。こんがりと焼き色がついたら返し、皮側は弱火でじっくりと焼く。器に盛り、大根おろし（あれば、上に塩麹をのせて）を添え、あれば穂じそを飾る。

ほかの魚なら／生鮭、太刀魚、さんま、さばなど

※魚は３日以上漬けると、アルコールの味しかしなくなるので注意。

発酵王子のおいしい話

麹漬けにするのに一番向いているのが、魚類。魚はタンパク質を溶かす酵素（自分自身を溶かす酵素）を持っていて、この酵素と麹は非常に相性がいい。魚醤はそれらを生かした調味料です。魚の中でも、白身魚、青魚、水分の多くない固い貝類（つぶ貝など）は、麹に漬けると本当に美味！　逆に、水分の多いえび、かきや赤身（まぐろやかつお）は、麹との相性はよくありません。ちなみに、刺し身を漬けるときは、「さくのまま漬ける」が鉄則。

漬けて焼く

鶏もも肉の甘酒漬け焼き

鶏肉はぜひ麹に漬けてほしい素材。甘酒の麹酵素が人間の分解しにくい鶏肉のタンパク質をあらかじめ醸してくれるため、体にかかる負担もぐんと減少します。もちろん、味も保証つき。ほんのりと甘い香りがする焼き物です。

材料（2人分）

鶏もも肉……1枚（300g）

甘酒（p.17）……大さじ2〜3

塩……2つまみ

作り方

1 鶏肉はペーパータオルなどで水けを拭き、片面に塩1つまみを振ってすり込み、もう片面も同様にする。

2 さらしでしっかりと巻いて保存袋に入れ、甘酒を加え、全体になじませる。空気を抜いて袋の口を閉め、冷蔵庫に入れて1日半〜3日おく。

3 とり出し、よく熱した魚焼きグリルや油を熱したフライパンで皮目を下にして焼き、皮目がこんがりとしたら返し、裏面も焼く。食べやすく切って器に盛り、あれば菊花などを飾る。

ほかの肉なら／豚バラブロック肉

鶏肉はさらしにしっかりと包む。

保存袋に入れて甘酒をかけ、袋をもんで全体になじませる。

漬けて煮る

甘酒漬けの豚肉の角煮

下ゆでしてから煮るのが、豚肉の角煮の基本。この下ごしらえも、甘酒に漬けることで必要なし。しかも、甘酒の麹酵素が豚肉を分解してくれるおかげで煮る時間も短縮でき、調味料は＋しょうゆだけ、といいことづくし。

材料（2人分）

豚バラかたまり肉… 200g

ゆで卵……1個

塩……少々

甘酒（p.17）……大さじ4～5

A
- だし（冷たいもの）……300㎖
- しょうゆ……大さじ1.5～2
- ねぎ（青い部分）……1本分
- しょうがの薄切り……2枚

作り方

1 豚肉はペーパータオルで水けを拭く。ゆで卵は殻をむく。

2 豚肉に塩を強めに振り、ゆで卵と共に保存袋に入れ、甘酒を加えて全体にもみ込む。空気を抜いて口をしっかり閉め、冷蔵庫に入れて1～2日おく。

3 鍋にA、豚肉、ゆで卵を漬け汁ごと入れ、アルミホイル（泡で煮るために、中央に穴を開けない）で落とし蓋をして弱火にかける。1時間ほど煮たら火を止め、そのまま冷ます。

4 豚肉、ゆで卵を食べやすい大きさに切り分け、器に盛る。

5 煮汁を温め、アツアツを**4**にかける。

冷たいだしを使うのは、火に弱い麹菌をできるかぎり長生きさせて最後まで仕事をさせるため。これでやわらかく、自然な甘みに！　漬け汁ごと鍋に加えると、漬け汁に出た豚肉のうまみも逃がさない。

漬けて煮る

黒豆の煮物

水でもどしてから甘酒に漬け、塩を加えただしで煮る。この煮方なら、甘さ控えめで食べ出すと止まらなくなる黒豆煮ができます。麹の分解作用で煮る時間も短く、途中アクをとる作業もなし。おせち料理のときにも、ぜひ。

材料（作りやすい分量）

黒豆……100g

甘酒（p.17）……200g

だし（冷たいもの）……適量

塩……１つまみ

作り方

1　黒豆はたっぷりの水につけて一晩おき、もどす。

2　**1**の水けをきって保存容器に入れ、甘酒を加えてあえ冷蔵庫に入れて２〜３日おく。

3　鍋に**2**を甘酒ごと入れ、黒豆がかぶるくらいにだしを加え、塩を入れてフタをずらしてのせ、弱火にかける。途中、だしがなくなったら加え、常に黒豆がかぶっている状態にして煮る。２〜３時間煮て、黒豆がやわらかくなれば煮上がり。火を止めてしばらくおき、余熱でさらにやわらかくする。

調味料として
肉じゃが

甘酒を調味料に使えば、みりんも酒も砂糖もいりません。甘酒の自然な甘みでくどさがなく、いつもの肉じゃがよりもごはんに合います。角煮同様、冷たいだしから煮るのがコツ。

材料（2〜3人分）
牛薄切り肉……150g
じゃがいも……6個
玉ねぎ……1/2個
にんじん……1本
しらたき……1袋
絹さや……4枚
サラダ油……小さじ1
だし（冷たいもの）……2カップ
A
甘酒（p.17）……大さじ4
しょうゆ……大さじ2〜3
塩……少々

作り方

1　牛肉は食べやすい大きさに切る。じゃがいもは皮をつけたままよく洗う。玉ねぎはくし形切り、にんじんは皮つきのまま乱切りにする。しらたきは熱湯でさっとゆで、臭みをとる。絹さやは筋をとる。

2　鍋に油を熱して牛肉を炒め、色が変わったら玉ねぎを加えて炒める。

3　玉ねぎに油が回ったら火を止め、冷たいだし、じゃがいも、にんじん、しらたきを入れ、Aを加えて落とし蓋をし、弱火で約45分煮る。

4　じゃがいもがやわらかくなったら火を止め、絹さやを入れて混ぜ、余熱で火を通す。

甘酒で甘みとコクを出す。甘みがあるから、みりんもいらない。酒を加えなくてもアルコールの風味も十分。

調味料として

金目鯛の煮つけ

甘酒の自然な甘みがおいしい煮つけ。煮汁をつけながら食べる料理なので、魚の中まで味が染みている必要はなし。とにかく煮すぎないことが鉄則。火をかけてから10分、煮汁の泡で蒸すように煮ます。

材料（2人分）

金目鯛の切り身……2切れ
ごぼう……7〜8cm
しょうが
……（皮つき薄切り）2枚
絹さや……4枚
A
酒……1/2カップ
しょうゆ、みりん
……各大さじ1.5
甘酒（p.17）……大さじ3
塩……少々

作り方

1 金目鯛は塩を振って熱湯にくぐらせ（保温ポットの湯をかけてもいい）、すぐに水で洗い、血合いや汚れをとる。

2 ごぼうは縦4等分、絹さやは筋をとる。

3 鍋に**1**の金目鯛、ごぼう、しょうがを入れ、Aを加えてアルミホイル（泡で炊くので穴は開けない）で落とし蓋をし、中火にかける。

4 アルミホイルが煮汁の泡でフワ〜ッと上がってきたら弱火にし、7〜8分煮て火を止める。絹さやを加え、1分おいて余熱で火を入れる。

ほかの魚なら／きんき、さば、いわし

※煮汁は、魚の厚みの3分の2くらいの高さになるような量がベスト。

調味料として

こんにゃくとなすの田楽

甘酒＋みそだけで、火を使わずに田楽みその味になります。こんにゃくはゆでずに漬け込むだけ。なので、生きたままの菌がとれる！　こんにゃくを漬けていた田楽みそは、揚げなすのたれに活用。それでも残ったら、そぼろの煮汁などにも。

材料（２人分）

こんにゃく……１枚
なす……１本
甘酒（p.17）、みそ
……各適量（１：１の割合）
揚げ油……適量

※甘めの田楽みそが好きな人は、甘酒の量を増やす。

作り方

1　こんにゃくは端から薄く切り、味が染みやすいように隠し包丁をいれる（包丁の先でつつく）。甘酒とみそを混ぜる。

2　保存袋にこんにゃくを入れ、甘酒とみそを混ぜたものを加えて、全体にからめる。冷蔵庫に入れて１～２日おく。３日以上おくとおいしくない、４日以上おくとアルコール発酵する可能性があるので、漬けるのは２日がベスト。

3　**2**からこんにゃくをとり出し、器に盛る。

4　なすは縦半分に切り、皮目に格子状の切り目を入れる。180℃の揚げ油で揚げ、なすに火が通ったら氷水に１分ほど漬けて色止めをし、余分な水けを拭く。

5　**3**の器に**4**を盛り合わせ、こんにゃくを漬けていたみそをなすに添える。

調味料として

きゅうりとワカメの酢のもの

甘酒と同量の酢を足し、三倍量のだしに、塩少し。この割合さえ覚えておけば、どんな酢の物にでも応用できます。いつもの三杯酢のように甘みも酸味のとがりもなくなり、男性にも好まれる味。

材料（2人分）

きゅうり……1本
ワカメ（乾燥）……5g

A
- 甘酒（p.17）……大さじ1
- 酢……大さじ1
- だし……大さじ3
- 塩……適量

塩……少々

作り方

1 きゅうりは小口切りにし、塩少々でもみ、水洗いして水けをよくきる。ワカメは水につけてもどす。

2 Aを混ぜ、**1**をあえる。

※好みでゆでだこ、しらす、ゆず、みょうがを加えても。

混ぜる

食べる調味料三種

かけるだけでごはんが何杯も食べられるだけでなく、手軽に麹を体にとり入れることができるのがウリ。三種とも、甘酒にそれぞれの具材や調味料を混ぜ、しばらくなじませればでき上がり。三升漬け風は、もともとは生麹で作るもの。生の麹が半端に残ってしまったときにもどうぞ。

甘酒梅しょうが

材料（作りやすい分量）

梅干し……（種を抜いて）50g
しょうがのすりおろし……5g
甘酒（p.17）……大さじ2
しょうゆ……小さじ1

作り方

1 梅干しは包丁で叩く。
2 材料すべてを混ぜ、保存容器に入れ、冷蔵庫で保存。2日後から食べられる。

☆食べ方アイデア／番茶で割って飲むと、発酵梅醤番茶。きゅうりや山いもとのあえもの、和風パスタのソース

発酵ちりめんざんしょう

材料（作りやすい分量）

しらす……100g
さんしょうの実……20g
削り節……1パック（3g）
昆布……3×3cm
甘酒（p.17）……大さじ2
しょうゆ……大さじ1

作り方

1 昆布は細かくちぎる。
2 材料をすべて混ぜ、保存容器に入れ、冷蔵庫で保存。3日後から食べられる。

※しらすはいつの間にか溶けて目玉だけになってしまうが、分解されておいしくなった証拠。

☆食べ方アイデア／きゅうりあえ、海藻あえ

三升漬け風

材料（作りやすい分量）

青唐辛子……30g
甘酒（p.17）……大さじ5
しょうゆ……大さじ2.5

作り方

1 青唐辛子は細かく刻み、甘酒、しょうゆと混ぜる。保存容器に入れ、冷蔵庫で保存。3日ほどおき、味がなじんでから食べる。

※にんにくやしょうがのみじん切りを加えてもおいしい。甘酒の代わりに生の米麹で作ることも可能。その場合は、生米麹：しょうゆ：青唐辛子＝1：1：1。

☆食べ方アイデア／野菜とあえて漬け物、鶏肉を漬けて揚げ物、まぐろの刺し身とあえて漬け物

保存期間／1カ月（約1年持つ場合もあるが、たまに混ぜないと表面にカビが生える。カビの部分をとり除けば食べられる。）

三升漬け風

発酵ちりめんざんしょう

甘酒梅しょうが

そのまま飲む

トマト甘酒&グレープフルーツ甘酒

健康のために、甘酒を毎日お猪口《ちょこ》一杯飲むことを勧めています。味を変えたいときには、好みのフルーツや野菜を混ぜてもOK。フルーツや野菜の量は、甘酒四に対して一、が黄金比率。

材料（2人分）

甘酒（p.17）……適量
ミニトマト……適量
グレープフルーツ……適量

作り方

1　ミニトマトはヘタをとり、4～6等分に切る。グレープフルーツは皮、薄皮をむき、7～8mm角くらいに切る。

2　1を甘酒にそれぞれ混ぜ、冷蔵庫に入れて一晩～4日おく。

※いっぺんに飲みすぎると、血糖値が急激に上がってしまうので、一回お猪口1杯ずつ、一日に多くても200mlにしましょう。

凍らせる

甘酒フルーツのスムージー

ポイントは、豆乳とオレンジジュースを二対一の割合で加えること。それ以外は、フルーツは好みのものでOK。フルーツ甘酒が酸っぱくなりかけたものを凍らせて作るのも、甘酒とフルーツをそれぞれ凍らせて作るのも、どちらもありです。

材料（2人分）

フルーツ甘酒 (p.42) ……大さじ5

豆乳（無調整）……120㎖

オレンジジュース……60㎖

※甘酒と好みのフルーツで作る場合は、甘酒80g（大さじ4〜5）にフルーツ20gを使い、どちらも凍らせる。

作り方

1 フルーツ甘酒が酸っぱくなりかけたら、冷凍庫で凍らせる。

2 ミキサーに**1**、豆乳、オレンジジュースを入れ、とろとろになるまで回す。

酸っぱくなった甘酒で

どどめせ

岡山の郷土料理。といっても、今は地元でもなかなか味わえない、店でも甘酒教室のときにだけ登場する幻のレシピ。酸っぱくなった甘酒を、炊きたての炊き込みご飯にかけてうまい具合に甘酒のアルコールをとばし、全体に混ぜ込んでさっぱりといただくご飯です。

材料（1～2人分）

米……1合（180mℓ）
鶏もも肉……100g
ごぼう……10cm
しいたけ……2個
れんこん……8cm
にんじん……1/3本
なめこ……1袋
甘酒（p.17）……大さじ2
A ｜だし（冷たいもの）……約300mℓ
　｜塩……少々
甘酒（p.17・酸っぱくなったもの）……50mℓ

作り方

1　鶏肉はひと口大に切り、保存袋に入れ、甘酒大さじ2を加えて全体にからめ、冷蔵庫に入れて1～2日おく。
2　米は洗い、ざるに上げる。
3　ごぼうは長さ半分縦4等分に切り、しいたけは石づきを落として4等分に、れんこんは皮つきのまま5mm幅に切り、にんじんは皮つきのまま細切りにする。
4　鍋に**1**の鶏肉、**3**、なめこ、Aを入れて弱火にかけ、15分煮る（ごぼうがやわらかくなればOK）。そのまま冷まし、具と煮汁に分ける。
5　土鍋に**2**の米を入れ、**4**の煮汁に水を足して200mlにして加えて混ぜ、具材をのせる。フタをして中火強にかけ、煮立ってきたら弱火にする。約10分したらフタを開け、表面の水分がなくなって米の頭が見えていたら火を止め、フタをして15分以上蒸らす。
6　酸っぱくなった甘酒をかけ、全体に混ぜて食べる。

※鶏肉は甘酒に漬けず、そのままでもいい。炊き上がったごはんにかける甘酒の量はお好みで。

魔法の漬け床 2

塩麹床

「食べておいしい」を第一に考えると、麹に加える塩の量は麹の7〜10%。これよりも高いと塩からくなり、20%を越えると麹の活動が制限されてしまいます。麹の菌を生きたまま体にとり入れてほしいと、店ではこの7〜10%の塩麹で刺し身や野菜を漬けて提供しています。

ですが、生の塩麹はアルコール発酵しやすく、ご家庭で管理するのはなかなか難しい。そこで、この本では、塩分7〜10%の塩麹を低温で火入れ（加熱）してご紹介。

加熱するので、酵素は多少失われ、すべてを体にとり入れることはできませんが、そもそも漬けた後に煮炊きすれば同じこと。それなら、まずは安定したおいしさが楽しめる「火入れの塩麹」を試してみましょう。

加熱は低温（80℃以下で15分）で行うので、麹の胞子は全滅しません。スピードは緩やかになりますが、麹の酵素が食べ物を消化吸収しやすい状態にしてくれるのは、生の塩麹と同じ。タンパク質をうまみに、でんぷんを糖分に変化させるので、おいしさがアップ。安い素材だって、極上の味にしてくれます。

慣れてきたら、火入れをしない「生の塩麹」で野菜や刺し身漬けにもチャレンジしてください。

塩麹床活用術

素材のおいしさを引き出してくれる、魔法の漬け床。野菜の根っこや魚のアラ、いつもは捨てている素材も塩麹に漬け込みましょう。

塩麹床を作ったら！

漬ける

漬け込むだけで、素材のおいしさが際立つ！　甘いのが苦手な人には塩麹がおすすめ。野菜は根菜や葉もの、魚は白身魚や青魚のほか、鮭も向いている。

漬けて加熱

漬け込むことで、麹の酵素がタンパク質やでんぷん、脂肪、食物繊維などを分解してくれる。そのため、体に負担がかからない。それをこんがり焼いても煮ても、炊いても。そのまま加熱するのとは、おいしさが全然違う！

漬け汁ごと料理

漬けていた汁ごと鍋に加えると、素材の持っていたおいしさを残さず食べられる。湯豆腐や潮汁や漁師風汁もいつも以上においしく、体にもいい。

酸っぱくなったら…

甘酒同様、ドレッシングやあえものに。漬け床として使えなくはないが、酸味が強くおいしくない。ただし、火入れした塩麹は、酸っぱくなるまで1～2カ月ほどかかる。

塩麹床を作る

塩からすぎず、おいしく食べられる7〜10%の塩分、安定して楽しめる「加熱した塩麹」の作り方をご紹介。火入れ(=加熱)の方法は、焦がす心配がない「湯せん」がおすすめ。最初は面倒に思えても、慣れてくると簡単です。

材料（作りやすい分量）

米麹……200g

塩（自然塩）……14g

水……400〜450mℓ

※ここでは、塩の分量を麹の7%で作成。好みで10%にしても。

※水は水道水を使い（ミネラルウオーターは熱殺菌されているので不可）、分量は、まずは扱いやすい400mℓからがおすすめ。

保存容器

1.5ℓ前後のホーローやプラスチックなどの保存容器。ステンレスやアルミ製の保存容器は、甘酒同様不可。

保存方法

冷蔵庫で保存。酸っぱくなっても（1〜2カ月後）、サラダのドレッシングやあえものに使用可。

1 麹に塩を混ぜる

大きめのボウルに麹を入れ、塩を加えて混ぜる。麹の中に塩をもみ込むように丁寧に！

乾燥麹を使う場合は、ダマのないようによくほぐし、塩を混ぜる。

2 水を加える

麹の香りがフワ〜ッとしてきたら、水を加え、全体になじませる。乾燥麹は水を600〜900mℓに増やす。

発酵王子のおいしい話

塩麹を作るときの注意点

○塩麹を湯せんにかけるのは、麹の繁殖のスピードを遅くするためです。湯せんにかけた後も麹は死滅しているわけではないので、フツフツとしていることも。これは生きている証拠！　逆に、この時点で死んでいては漬けた食材を醸せません（分解しない）。ただ、フツフツするだけでなくアルコール臭がする場合は、火入れが少し足りません。さらに5分ほど、湯せんにかけてください。ただし、麹は80℃以上で30分以上火入れすると完全に死んでしまうので（麹菌の胞子も全滅）、火の入れすぎには注意しましょう。

○塩麹を浸漬させているときに表面に白い粉状のものが出てくる場合がありますが、これは麹菌の胞子です。なので、混ぜてしまってOKです。腐敗してしまったと勘違いして捨ててしまわないでください。白いカビは混ぜ込んでも大丈夫。ただし、赤や青、黒いカビは要注意！その部分をきれいにとり除いてください。

3 浸漬《しんし》させる

ボウルに入れたままラップをかけ、常温におく。温度によっても浸漬（浸水）させる日数は変わるが、夏なら3～5日、冬なら1週間が目安。

麹菌は人見知りが激しく、世話をしないと繁殖が進みません。一日に1回は混ぜてあげましょう。

4 浸漬完了

米が麹の微生物のエサになり、繁殖が進んだ状態。

指で軽く押してつぶれるくらいになったら、浸漬（浸水）完了。

いきなり熱い湯に入れると麹菌が突然死してしまうため、鍋の水が冷たい状態から湯せんにかけはじめます。

5 湯せんにかける

鍋に水を入れ、4 のボウルをつけて弱火にかけ、15分ほど湯せんにかける（80℃以上にならないように注意）。焦げないように、絶えず混ぜながら！

もったりとして少しとろみが出てきたら、火から下ろす。余熱で火が入るので、少し水っぽいくらいでOK。

6 粗熱をとる

火から下ろして軽く混ぜ、ボウルに入れたままおいて余熱で火を通し、冷ます（15～20分）。写真は粗熱がとれた状態のもの。アルコール臭がする場合は再度5分加熱する。

7 保存する

完全に冷めて糊のような状態になったら保存容器に移し、腐敗菌が進入しないように落としラップ（表面にラップをぴったりと貼りつけるように）をする。フタはピタッと閉めずに軽くのせ、冷蔵庫で保存する。

漬ける

白菜の塩麹漬け

塩麹に漬けると味が締まっておいしいのが白菜。漬かり具合が外側と内側で違うのも楽しい。ゆずや唐辛子、さんしょう、昆布などを加えると、香りがつき、よりおいしくなります。

内側の葉にも塩、塩麹をよくもみ込む。

ほかの野菜なら／かぶ、にんじん、大根、山いも、里いも

材料（作りやすい分量）

白菜……1/8 個
塩麹（p.53）……大さじ 3
塩……少々

作り方

1　保存袋に白菜を入れ、塩を軽く振って全体にもむ。内側の葉にもよくもみ込む。

2　ちょっとしんなりしてきたら、塩麹を加え、内側の葉や葉と葉の間にも入るようにしっかりもみ込む。空気を抜いて口を閉じ、冷蔵庫に入れ、1日〜1週間漬ける。食べるときは洗わず、そのまま食べやすい大きさに切る。

漬ける

豆腐の塩麹漬け

塩麹に漬けると三日くらいでチーズ、一年くらい漬けておけば沖縄の「豆腐よう」のような味わいに変化することも。独特の食感も楽しく、お酒にもよく合います。

材料（作りやすい分量）

木綿豆腐……1丁（300g）

塩麹（p.53）……大さじ4

作り方

1　豆腐はペーパータオルで巻き、15分ほどおいて水けをきる。

2　ペーパータオルをはずして保存袋に入れ、塩麹を全体にからめる。空気を抜いて袋の口を閉じる。冷蔵庫に入れ、3日後ぐらいからがおいしい。

※赤、青、黒カビが生えた場合は、食べるのをやめましょう。

さらしには巻かず、そのまま保存袋に入れ、塩麹を全体にからめる。

漬ける

いかの塩辛風

いかワタに塩をまぶして一晩おき、それから身を加えて一晩、が通常の作り方。塩麹を使えば、材料全てを混ぜて一晩おくだけ。時間もかからず、味もマイルド。麹の分解能力が高いことを証明してくれるレシピです。

材料（作りやすい分量）
するめいか……2杯
塩麹（p.53）……大さじ3
しょうゆ……大さじ1
ゆず皮（好みで）……適量

作り方

1　するめいかは胴からワタをとり出す。胴は軟骨をとり除き、えんぺらと共に1cm幅に切る。足はワタと切り離し、目、くちばしをとり除き、食べやすい長さに切る。

2　ワタは包丁で叩く。

3　保存容器に **1** のいか、**2** のワタ、塩麹を加えて混ぜる。しょうゆ、ゆず皮を加えてうまみを足し、さらに混ぜる。液体から身が顔を出さないようにしっかりと浸し、落としラップをしてフタをし、冷蔵庫で保存する。

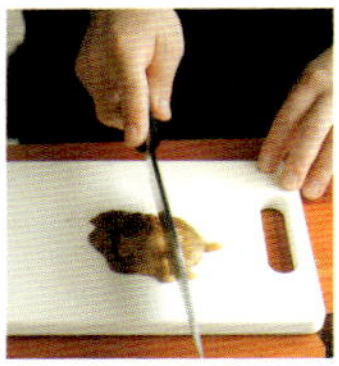

ワタを包丁で叩く

ワタ、身、塩麹、しょうゆを混ぜる。

身がしっかり液体に漬かっていることが大切。身が顔を出していると、腐敗してしまうおそれも。

※1日後から食べられますが、2〜3日後が一番美味。2週間はおいしく食べられます。

漬ける

あじの刺し身の塩麹漬け

塩麹にあじを一日漬けると、ほどよく脂も残った、まるで酢締めのような味わい。面倒なら魚屋さんに三枚におろしてもらってもよし。内臓だけ抜いて丸ごと漬けておき、気分で刺し身に焼き物にと食べ分けても。

材料（作りやすい分量）

あじ（刺し身用・三枚におろしたもの）……１尾分
塩麹（p.53）……大さじ２～３
塩……少々

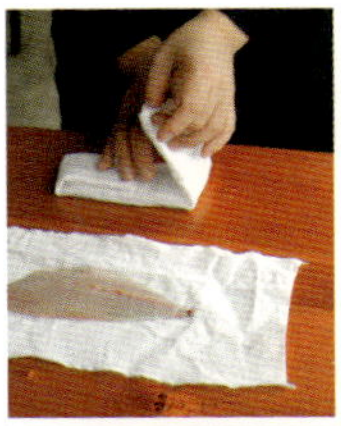

1切れずつ、しっかりとさらしで巻く。

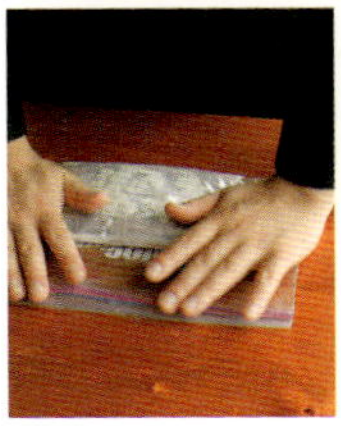

塩麹が全体になじむように保存袋を巻き、同時に空気もしっかり抜く。

作り方

1 あじはペーパータオルで水けを拭き、塩を軽く振る。しばらくおいて表面に水けが出てきたら、ペーパータオルで拭く。

2 １切れずつさらしでしっかりと巻く。保存袋に入れて塩麹を塗り、空気を抜いて袋の口を閉じ、冷蔵庫に入れて１日おく（３～４日漬けると白っぽくなり、おいしくない）。

3 食べやすく切り、器に盛り、わさびを添える。あれば、ミニアスパラガスやおかひじきをゆでたものを添える。

漬けて焼く

鮭の塩麹漬け焼き

塩麹漬けの中でも、並々ならぬ愛情を持っているのがこれ。焼くとパサパサしがちな鮭も塩麹に漬けて焼くと驚くほどジューシー。中でも一番好きな食べ方は、アツアツのごはんにのせ、生揚げじょうゆをたらっとかけること。

材料（２人分）

生鮭……２切れ
塩麹（p.53）……大さじ２～３
塩……少々
大根おろし、塩麹……各適量

作り方

1　鮭はペーパータオルなどで水けを拭き、両面に塩を軽く振る。しばらくおいて表面に水けが出てきたら、ペーパータオルで丁寧に拭く。

2　１切れずつさらしでしっかりと巻き、保存袋に入れ、塩麹を全体に塗る。冷蔵庫に入れて１日～１週間おく。

3　とり出し、よく熱した魚焼きグリルで身側から焼き、こんがりと色づいたら返して、皮面もこんがりと焼く。器に盛り、大根おろしと塩麹、穂じそを添える。

ほかの魚なら／さんま、さば、いわし、小鯛、太刀魚

※加熱してある塩麹を使っているので、３週間くらい冷蔵庫に入れっぱなしにしてしまったものを焼いても、おいしく食べられます。

発酵王子のおいしい話

この「鮭の塩麹漬け焼き」をほぐして保存容器に入れれば、冷蔵庫で１カ月は保存可能。おにぎりの具、お茶漬けの友にと、とにかく重宝なので、一度にたくさん仕込んでおくといいでしょう。皮を食べないなら、塩麹漬けしたものをレンジで加熱しても十分おいしく作れます。

漬けて焼く

豚ロースの肉の塩麹漬け焼き

豚肉を塩麹に漬け、焼いただけのシンプルな料理。塩麹が豚肉のタンパク質をアミノ酸に変えてくれるので、うまみは十分。何もつけず、豚肉のおいしさをストレートに味わうといいでしょう。調味料の使いすぎもなし。

材料（２人分）

豚ロース肉……２枚

塩……少々

塩麹（p.53）……大さじ２～３

ベビーリーフやミニトマトなど……各適量

作り方

1　豚肉はペーパータオルなどで水けを拭き、両面に塩を軽く振る。

2　１枚ずつさらしでしっかりと巻き、保存袋に入れて塩麹を両面に塗る。冷蔵庫に入れて２～５日おく。

3　とり出し、よく熱した魚焼きグリルまたは油少々を熱したフライパンで、表身（横長においたときに、脂身が向こう側、細いほうが右側にくる方が表）から焼き、両面をこんがりと焼く。食べやすく切って器に盛り、ベビーリーフやミニトマトを添える。

ほかの肉なら／鶏もも肉、豚バラブロック肉

※５日漬けておくと、麹の味が強くなります。お好みで。

漬けて揚げる

小魚の塩麹漬け揚げ

店ではめひかりで作りますが、小魚なら、ちこやわかさぎ、稚鮎など何でもOK。コツは、魚一尾それぞれをさらしでくるりと巻くこと。こうしないと味が回らないので、面倒でもここだけは丁寧に。驚くほどふわふわです。

材料（2人分）

小魚……8尾
塩麹（P.53）……大さじ5〜6
薄力粉……適量
もちきび（あれば）……適量
揚げ油……適量
粗塩……適量

作り方

1 小魚はペーパータオルで水けを拭く。

2 一尾ずつがさらしでくるまれるように小魚をしっかりと巻き、塩麹を塗って保存袋に入れる。全体によくなじませ、冷蔵庫に入れて5時間〜半日おく。

3 とり出して薄力粉をまぶし（あれば、もちきびもまぶす）、180℃の揚げ油でこんがりと揚げる。よく油をきって器に盛り、粗塩、もちきびをつけて食べる。

※半日以上漬けると、小魚は溶けはじめることも。

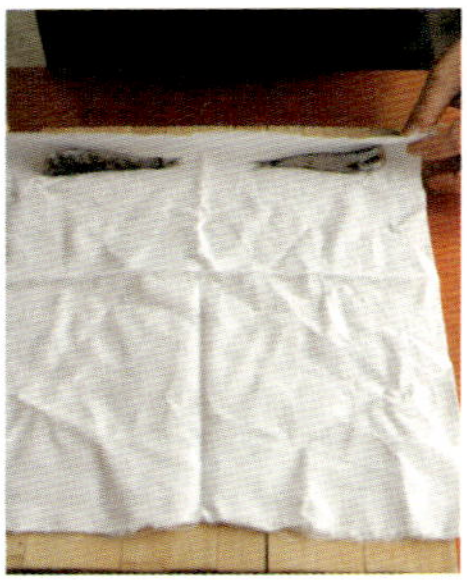

さらしは1尾に1枚ずつでなくてもOK。魚の胴体それぞれがくるりと巻かれていることが大事。さらしを大きめに用意し(35cm × 50cmくらい)、手前をあけ、小魚を離して2尾おく。

さらしの手前を持ち上げ、小魚にかぶせてくるりと巻き、再び小魚を2尾おいて巻く、を繰り返す。

バターを塗るように、塩麹を表面全体に均一に塗る。塗った面を内側にして半分に折りたたみ、再び表面にも塩麹を塗る。

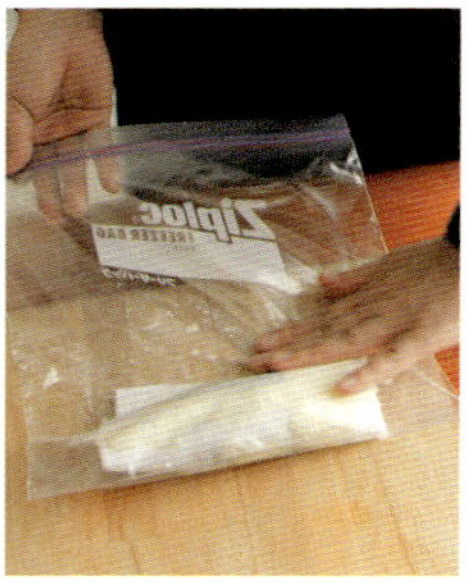

保存袋に入れて塩麹をなじませ、空気を抜く。

漬けて揚げる

塩麹漬け鶏肉のから揚げ

塩麹の力を借りれば、定番料理もランクアップ。いつもよりもやわらかく、ひと口ごとに肉汁がジュワッ！　塩麹の酵素がタンパク質をうまみに変化させるため、下味は塩麹＋にんにく、しょうがのみ。味つけの失敗もありません。

材料（２人分）

鶏もも肉……１枚（300g）
塩……２つまみ
塩麹（P.53）……大さじ２
にんにくのすりおろし
……小１かけ
しょうがのすりおろし
……20g
セロリの葉（あれば）……適量
薄力粉……適量
揚げ油……適量
ベビーリーフなど……適宜

作り方

1　鶏肉はひと口大に切る。ペーパータオルで水けを拭き、塩を全体に振る。

2　保存袋に塩麹、にんにく、しょうが、セロリの葉を入れて混ぜ、**1**を加えてよくもみこむ。冷蔵庫に入れて２～３日おく。

3　とり出し、薄力粉を全体にまぶし、160℃の揚げ油でこんがりと揚げる。油をよくきって器に盛り、ベビーリーフなどを添える。

おいしい揚げ方：160℃の揚げ油で２～３分揚げ、うっすらと色がついたらとり出す。そのまま10分ほどおいて余熱で火を通し、再び180℃の揚げ油で表面がきつね色になるまで揚げると外はカリッ、中はジューシー！

※鶏肉は４日以上漬けると発酵が進み、味のバランスが悪くなります。

発酵王子のおいしい話

塩麹、甘酒のあっと驚く使い道をひとつ。生ゴミを出し忘れてしまったら、塩麹や甘酒を振りかけておきましょう。麹菌の分解酵素で、あの特有のにおいがいっさいなし。甘酒がおいしくできなかった、塩麹がアルコール発酵してしまった、そんなときにも決して捨てずに、生ゴミのにおい消しに活用を。ちなみに米麹のままでは繁殖しないため、効果はありません。

漬けて煮る

醸し雑煮

鶏肉を塩麹で漬けてから煮ると、鶏肉がカスカスにならず、肉自体もやわらかい。その肉を冷たいだしに入れてごくごく弱火でゆっくり煮るのが、おいしく作る絶対条件。麹の甘みと、鶏肉の分解作用で生じるアミノ酸によるうまみが引き出されます。

材料（5〜6食分）

鶏もも肉……1/2枚（150g）
小松菜……１束
しいたけ……２個
長ねぎ……１本
もち……適量
塩麹 (p.53) ……大さじ３
塩……少々
A ｜だし（冷たいもの）……1.5ℓ
　｜しょうゆ……大さじ２
みりん（あれば甘酒）……適量

作り方

1 鶏肉は余分な水けをペーパータオルで拭き、全体に軽く塩を振る。しばらくおいて、出てきた水けをペーパータオルで拭く（臭みがとれる）。保存袋に入れ、塩麹を塗り、よくなじませて冷蔵庫に入れて２〜３日おく。

2 小松菜は長さ４〜５cmに切り、しいたけは石づきを落として４等分に、長ねぎは斜め切りにする。**1**の鶏肉はひと口大に切る。

3 鍋に鶏肉、しいたけ、Aを入れ、ごく弱火で15分ほど煮る。少し火を強めてアクをとり、長ねぎを加える。鶏肉に火が通ったら小松菜を加え、20秒したら火を止める。味をみて甘みが足りないときは、みりん（あれば甘酒）で調味する。

4 もちを焼いて器に入れ、**3**をかける。

発酵王子のおいしい話

火入れ（＝加熱）する前の塩麹で自分だけの極上床を作ってみましょう。作り方は簡単。火入れ前の塩麹を保存容器に小分けにし（塩麹がアルコール発酵してしまい、においが気になる場合は、しょうゆをひとたらし。うまみが足りない場合は、昆布、削り節をプラス）、いかや魚のワタ、ほうれん草や香菜の根っこなど（野菜の根っこは捨てずに、床に入れる！）を漬けて冷蔵庫に入れ、一日1回混ぜます。しばらくすると、複雑なうまみがある塩麹床ができ上がります。これをアツアツのごはんにのせれば最高。

漬けて煮る

塩麹漬け湯豆腐

味のポイントは、塩麹に漬けた豆腐と切り干し大根。麹が糖化した甘み、切り干し大根の甘み、豆腐のうまみが上品なスープを作ってくれます。切り干し大根は食感も味わいたいので、もどさず乾いたまま加えるのもコツ。

材料（2人分）

木綿豆腐……1丁（300g）
長ねぎ、わけぎ……各1本
しいたけ……2個
切り干し大根……1つかみ
塩麹（P.53）……大さじ4
水……適量
昆布……10cm角1枚
たれ
　塩麹、しょうゆ
　　……各適量（1：1の割合）
　ねぎのみじん切り、しょうがのみじん切り……各適量
　昆布（刻んだもの）……適量

作り方

1 木綿豆腐はペーパータオルで包み、軽く水けをきる。とり出して保存袋に入れ、塩麹を塗り、空気を抜いて袋の口を閉じる。冷蔵庫に入れて1〜3日おく。

2 たれの材料を混ぜ合わせ、冷蔵庫に入れて1日以上おく。

3 長ねぎは斜めに切り、わけぎは長さ3〜4cmに切り、しいたけは石づきを落とす。

4 鍋に水と昆布を入れ、**1**の豆腐を漬け床ごと加える。長ねぎ、わけぎ、しいたけ、切り干し大根を乾燥のまま（水でもどさない）加え、ごく弱火で煮る。具が温まったら、でき上がり。たれをつけて食べる。

※水と昆布の代わりに、だしを使うとよりおいしい。
※たれは1カ月くらいまではおいしく食べられます。酸味は出てきますが、それはそれでおいしい。

漬けて煮る

魚のアラの潮汁風

潮汁を作るときの基本＝霜降り（下ゆで）も、塩麹に漬ければ必要なし。水、昆布と一緒に鍋に入れ、弱火でひたすら10～15分。ポコポコッと鍋の中が動き出したら「僕、もうすぐ死ぬよ」という麹のサイン。うまみと甘みが出てきた証拠です。心の中で敬礼し、感謝しながらいただきましょう。

作り方

1 保存袋に魚のアラを入れ、塩麹をアラ全体に行き届くくらい加えてからめる。冷蔵庫に入れて2～4日おく。

2 みつばは長さ3～4cmに、ねぎは斜め切りに、しいたけは石づきをとって6等分くらいに切る。

3 鍋に魚のアラ（塩麹はぬぐわず、自然についてくるものをそのまま加える）、水、昆布、しいたけを入れ、ごく弱火にかけて10～15分くらい煮る。

4 鍋の縁がフツフツしてきたら強火にし、味をみて、塩で調味。火を止め、みつば、ねぎを加えて余熱で火を通し、器に盛ってゆずをのせる。

材料（4食分）

魚のアラ（すずきなど）……1パック（約300g）

みつば……1束

長ねぎ……2/3本

しいたけ……大1枚

塩麹（p.53）……約大さじ5

昆布……10×10cm

水……1.5ℓ

塩……少々

ゆず……少々

弱火にかけて10～15分くらいすると、汁がポコッポコッとしてくる。これは、甘みとうまみが出てきた合図。そのまましばらく火にかけ、さらにうまみと甘みを出す。

発酵王子のおいしい話

塩麹に漬けた魚のアラは冷凍保存可能。保存袋から出してラップで包み、アルミホイルでくるんで冷凍すれば1カ月は持つので、いつでも潮汁が楽しめます。甘酒を使う場合は、アラに塩を振ってから同様に。魚はアジ、ブリ、鮭など何でもよく、数種類混ぜても。魚を下ろしたときに出る頭や骨も、捨てずに塩麹で漬けて冷凍しておき、たまってから汁を作るのもおすすめ。また、漬けずに冷凍した魚を塩麹に漬ける場合は、必ず中まで完全に解凍してから漬けてください。

漬けて煮る

ぶりの漁師風みそ汁

あえて魚特有の臭みを少し残し、荒々しい味に仕上げたみそ汁です。潮汁同様、アラは霜降りせずに、そのまま煮るだけ。野菜を数種加えて具だくさんにしたら、これ一杯で大満足。

材料（約6食分）

ぶりのアラ
……1パック（約300g）
大根……5cm
にんじん……1/2本
ごぼう……7～8cm
長ねぎ……細1本
しょうが
……皮つき薄切り4枚
塩麹（p.53）……約大さじ5
水……2ℓ
昆布……10cm角1枚
みそ……大さじ3～4
しょうゆ……小さじ2

作り方

1 保存袋にぶりのアラを入れ、塩麹をアラ全体に回るくらい加えてからめる。空気を抜いて袋の口を閉じ、冷蔵庫に入れて2～4日おく。

2 大根とにんじんはいちょう切り、ごぼうは斜め切り、長ねぎは1cm幅の小口切り、しょうがはみじん切りにする。

3 鍋に**1**のアラ（塩麹はぬぐわず、自然についてくるものをそのまま加える）、水、昆布を入れ、ごく弱火にかけて10～15分くらい煮る。

4 味を見てしっかり甘みが出ていたら（汁がポコッポコッとしてから、しばらく煮る）強火にし、アクをとり、野菜を加えて煮る。やわらかくなったら、みそを溶き入れ、しょうゆを加える。器に盛り、針しょうが（分量外）をのせる。

漬けて炊く

さんまめし

塩麹に漬けることで臭みがなくなったさんまは、焼く必要なし。だしを加えた米に、そのままのせて炊きます。うまみが増したさんまにワタの苦みが加わると、本当においしく、店のメニューに入れようか検討中。

材料（3～4人分）

さんま……2尾
米……2合（360mℓ）
塩麹（p.53）
……大さじ6～7
だし……2.25合（405mℓ）
塩……適量

※炊飯器で炊く場合は、だしの量を2.1合（約380mℓ）に。

作り方

1　さんまはペーパータオルで水けを拭き、塩を軽く振り、流しにのせて流しから口がはみ出るようにしておく（口から臭みが出る）。しばらくおいて水けが出てきたらペーパータオルで拭く。1本ずつさらしでしっかりと巻き、保存袋に入れてさんま全体が湿る程度に塩麹を加え、空気を抜いて袋の口を閉じる。冷蔵庫に入れて1～2日おく。

2　米は洗い、ざるに上げる。

3　土鍋に**2**、だし、塩1つまみを加えて混ぜ、**1**のさんまを半分に切ってのせる。フタをして中火強にかけ、煮立ったら弱火にする。約10分したらフタを開け、表面の水分がなくなってきて米の頭が見えていたら火を止め、フタをして15分蒸らす。頭や骨を除いて身をほぐし、ごはんに戻して全体を混ぜる。

※塩麹に漬けてから2～3日後に炊く場合は、さんまはワタをとってから漬けます。

塩麹に漬けて醸したさんまを米の上にのせて炊くだけ。

その他の漬け床

みそ床&ぬか床

この章でご紹介するのは、おなじみの調味料「みそ」を使った床と、漬け床の代表格「ぬか床」です。

みそはご存知の通り、発酵食品のひとつ。調味料としても万能ですが、まだまだ「漬け床」として活用している方が少ないと聞き、その方法を伝授。さらに使い道の幅を広げるため、「だし」となる素材を細かく刻んであらかじめ混ぜ込みました。

ぬか床は、店秘伝の方法を。独特の方法ですが、漬け物が本当においしくできる自慢の床。野菜だけでなく、魚をつけるレシピも掲載しましたので、いつもと違う使い方で、ぬか床の可能性を広げてください。

店で行っている発酵教室の中でも人気の高い「手作りみそ」も特別に紹介します。

みそ床を作る

そのまま湯を注げばみそ汁が完成し、野菜や魚、肉を漬ければみそ漬けを楽しむことができる、みそベースの「床」。市販のみそを使うときは、ぜひ、うまみ調味料などの入っていない、天然醸造のものを求めてください。

材料（作りやすい分量）

みそ（赤）……500g

削り節……１つかみ（約10g）

昆布……５ × 15cm

煮干し……３本

※削り節、昆布、煮干しは好みの量でOK。何のうまみが欲しいかで加減。

保存容器

1.5ℓ前後のホーローやプラスチックなどの保存容器。ステンレスやアルミ製の保存容器はNG。直射日光が当たるガラス製も避ける。

保存方法

常温で保存。２～３日後にはみそ床として使用可。赤みそ以外を使った場合は冷蔵庫で保存。

1 みそに昆布、煮干しを混ぜる

ボウルにみそを入れ、昆布、煮干しをできるだけ細かくちぎって加える。煮干しは頭も内臓もとらずにちぎってOK。

2 削り節を混ぜる

削り節を加え、ゴムベラで全体によく混ぜる。

3 保存する

保存容器に空気を抜くように入れ、表面を平らにならす。縁をキッチンペーパーなどできれいに拭き、風味を落とさないよう落としラップをし、フタをのせて常温で保存する。2～3日で味がなじむ。

漬ける

野菜のみそ漬け

みそに漬けると、うまみ十分、しっかり味の漬け物になります。みそは発酵スピードが遅いので、漬け時間は少し長め。漬け汁はみそ汁に活用することを考え、みそ汁に入れてもいいような野菜を漬けるのもポイント。

材料（作りやすい分量）
ごぼう……1本
かぶ……2個
キャベツ……1/4個
みそ床（p.76）……適量
塩……少々

作り方

1 ごぼうは皮つきのまま長さ10cmに切り、縦4等分に切る。かぶは葉を長さ7～8cmほど残し、皮つきのまま縦半分に切る。

2 保存袋に**1**を入れ、塩を軽くもみ込む。みそ床を全体にまぶすように気持ち多めの量を加え、全体にもみ込む。冷蔵庫に入れ、2～5日おく。

3 食べるときは洗わず、そのまま切り分ける。

野菜を漬けた汁で

ワカメのみそ汁

だし入りのみそ床に野菜のうまみも加わった漬け汁も、湯を注げばおいしいみそ汁に。漬ける野菜によっても出てくる水分が違うので、味が濃ければ水で調節します。

材料（作りやすい分量）
野菜を漬けたみそ床（上記）
……適量
ワカメ（乾燥）……適量
水……適量

作り方

1 鍋に野菜を漬けたみそ床と水を入れ、温める。味をみて、水で濃さを調節。

2 お椀にワカメを入れ、**1**を注ぐ。

漬ける

まぐろのみそ漬け

甘酒や塩麹に漬けるのが合わない赤身の魚は、みそ漬けに。まったりとした濃厚な味に変化します。ほかの魚なら、かつおもおいしい。その場合は、にんにく、しょうが、みょうがを刻んで加えたみそ床に漬け、みそごといただきます。

材料（作りやすい分量）

まぐろの刺し身……さく1本
みそ床（p.76）……大さじ2
塩……少々

作り方

1 まぐろはペーパータオルで水けをよく拭き、塩を軽く振る。しばらくおいて表面に水けが出てきたら、ペーパータオルで拭く。

2 まぐろは長さを半分に切り、さらしで1本ずつしっかりと巻き、保存袋に入れる。みそ床をスプーンの背で塗り、空気を抜いて袋の口を閉じ、冷蔵庫に入れて2～3日おく。

3 食べやすく切って器に盛り、わさびを添える。あれば、もずく、おかひじきをゆでたもの、菊花を飾る。

ほかの刺し身なら／さんま、あじ、真鯛

※4日以上漬けると、塩辛くなります。

みそ床は思った以上に水分がある。そのため、塗る量は気持ち少ないかな、くらいでいい。

漬ける

つまみ三種

黄身のみそ漬けは、表面がゼリー状、中はねっとりと濃厚。日本酒とともに、ちびちびいただくのにもってこい。アボカドは、漬けすぎたらアボカドみそディップとして野菜につけて食べてもうまい。

材料（作りやすい分量）

アボカド……１個
マッシュルーム
……１パック
黄身……４個
みそ床（p.76）……適量

作り方

1 アボカド、マッシュルームを漬ける。アボカドは半分に切り、種と皮を除く。マッシュルームは石づきを落とす。それぞれ保存袋に入れ、みそ床を全体にからまるくらい加える。冷蔵庫に入れ、２～３日おく。

2 黄身を漬ける。みそ床を保存容器の底全体にのばし、さらしをおく。黄身をそっとのせ、さらしをかぶせ、上からもみそを塗る。フタをして冷蔵庫で２～３日おく。このみそ床は４～５回は使用可能。

3 アボカド、マッシュルームは食べやすい大きさに切り、黄身はそのまま器に盛る。

※アボカドは４日以上漬けると溶けはじめ、マッシュルームは塩辛くなります。黄身は４日以上漬けると固くなります。

容器の全面にみそを平らにのばし、さらしをおいてみそを染み渡らせる。その上に黄身をのせる。

さらしをかぶせ、黄身がつぶれないように注意しながら、みそを塗る。

漬けて焼く

太刀魚のみそ漬け焼き

手作りのみそ床で作るみそ漬けは、おいしさもひとしお。焼けたみその香ばしい香りもたまらない。せっかくなので、みそ漬けとしてなかなか売っていない魚をいろいろ漬けてみても楽しい。

材料（２人分）

太刀魚……２切れ
みそ床 (p.76)
……大さじ２
塩……少々
大根おろし……適量

作り方

1 太刀魚はペーパータオルで水けを拭き、塩を軽く振り、しばらくおいて表面に水が出てきたらペーパータオルで拭く。

2 さらしでしっかりと包み、保存袋に入れ、バターをパンに塗る程度にみそ床を塗る。冷蔵庫に入れ、２〜３日おく。

3 とり出し、よく熱した魚焼きグリルで、両面をこんがりと強火で焼く。器に盛り、大根おろしを（あれば、上にゆずをのせて）添え、あれば穂じそを飾る。

ほかの魚なら／ぶり、いわし、とびうお、さば、生鮭

※４日以上漬けると、みその味しかしなくなり、太刀魚の味がしません。

漬けて揚げる

手羽先のみそ漬け揚げ

だし入りみそに鶏肉を漬けるから、間違いなくおいしい。豚肉や牛タンなどにも合います。肉を漬けた後のみそ床は、炒め物などの加熱料理の調味料として再使用可能。

材料（2人分）

手羽先……6本

みそ床（p.76）……適量

揚げ油……適量

作り方

1　手羽先はペーパータオルで水けを拭き、保存袋に入れる。手羽先全体にからまるくらいにみそ床を塗り、冷蔵庫に入れて2～4日おく。

2　とり出し、180℃の揚げ油で、からりと揚げる。

おいしい揚げ方：180℃の揚げ油に入れ、表面がうっすらきつね色になったらとり出す（約1分）。そのまま10分おいて余熱で火を通し、再び180℃の揚げ油でこんがりきつね色になるまで揚げる。これで、表面カリッと中ジューシー！

ほかの素材なら／わかさぎ、めひかり、稚鮎、たこ

※5日以上漬けると、みその味が強くなりすぎ、焦げやすくなります。

ぬか床を作る

世界で唯一使い回しが効く「床」がぬか床。ぜひ手作りし、わが家ならではの味に育ててください。今回ご紹介するのは豆種菌オリジナル。じゃがいもを加えて微生物の繁殖を活発にし、味を調える方法です。

材料（作りやすい分量）

生ぬか（または、いりぬか）……1kg

昆布……10cm 角×2枚

干ししいたけ……少々（ほんのひとかけ）

水……1.2ℓ

塩（粗塩）……120～130g（ぬかの12～13%）

風味づけ材料

- 赤唐辛子……3～4本
- 実ざんしょう（あれば）……大さじ1

じゃがいも……1個

捨て野菜……適量

※水は水道水でOK。ミネラルウオーターは熱殺菌されているので不可。

保存容器

7ℓくらいの容器で、高さがあるもの。ホーロー製などがおすすめ。

保存方法

一番適しているのは20℃くらいの場所。夏場は涼しいところに、冬場は温かい場所（電化製品の近くなど）におくといい。

1 昆布、しいたけを水で戻す

分量の水に昆布としいたけを入れ、ラップをかけて冷蔵庫に入れる。1～2日して、香りがしてきたらOK。

水よりも昆布としいたけを加えた水のほうが、ぬかが発酵しやすくなります。

2 ぬかに昆布としいたけの戻し汁を加える

保存容器にぬか、塩を入れて混ぜ、**1**の水を昆布やしいたけごと加える。粉っぽさがなくなるまで、底から大きくかき混ぜ、全体に混ぜ合わせる。

3 実ざんしょう、赤唐辛子を混ぜる

実ざんしょうや赤唐辛子など、香りがよくなるものを加えて混ぜる。底からしっかりと！

香りがいいセロリの葉は
おすすめです。

4 捨て野菜を混ぜる

捨て漬け用の野菜は、にんじんやかぶのヘタなど何でもよいが、水分の多いものを加えるのがコツ。底のほうに埋め込む。

じゃがいもが微生物のエサになり、バランスよく繁殖する手助けをしてくれます。

5 じゃがいもを加える

皮つきのじゃがいもを丸ごと加え、ぬかに埋め込む。じゃがいもはやせ細ったら交換し、常にじゃがいもが入っている状態にする。

6 容器をきれいにし、2週間おく

表面を平らにならし、容器の回りについたぬかを乾いたペーパータオルで拭きとり、きれいにする。

群れから離れた〈ぬか〉は、カビのもと！

フタをして、常温で2週間おく。最初の2～3日は手を入れず、4日目からは一日1回底まで手を入れて上下を返し、ムラなくかき混ぜて空気を入れる。

7 漬ける野菜に塩をまぶす

野菜は皮つきのまま食べるものは皮をむかずに用意し、塩をまぶして水分を抜き、さっと水洗いして塩を洗い流す。キャベツや白菜は、内側の葉にもきちんと塩をまぶす。

8 漬ける

野菜をぬか床に押し込み、漬ける。キャベツや白菜などは、内側にもきちんとぬかを詰める。

ぬか床がこんなことになったら…

●水っぽくなった！

ぬかを足し、全体に混ぜる。様子を見て、少し水を加えても。

●酸っぱくなった！

ぬかと、ぬか床を作る割合よりも少なめの水を足し、全体に混ぜる。一度酸っぱくなってしまったもの（乳酸発酵しすぎてしまったもの）は、元にもどすのが非常に難しい。冷蔵庫に入れてしまうと、乳酸発酵しやすいので、極力冷蔵庫には入れないように。

●カピカピになってしまった！

ぬかと、ぬか床を作る割合よりも多めの水を足し、全体に混ぜる。2～3日は手を入れず（混ぜず）、乳酸菌をしっかりと繁殖させ、表面に白いカビ（＝産膜酵母《さんまくこうぼ》）が生えてきたら乳酸発酵した証拠。とり除き、全体によく混ぜ込む。

●長期不在にするとき

野菜をとり出し、発酵をおさえるために表面に塩を降り、20℃くらいの涼しい場所においておく。最悪は冷蔵庫へ。冷蔵庫に入れると乳酸菌ばかりが増えてしまうので、帰宅後、ぬかと水を足し、昆布などで風味を足す。

発酵王子のおいしい話

ぬか床を一日１回混ぜる理由をご存知ですか？　ぬか床に含まれる植物性乳酸菌は条件的嫌気性。酵母は嫌気性のときと好気性のときで働きが異なり、どちらの状態も必要なため、空気を入れすぎても、入れなくてもダメ。一日１回底からよく混ぜるくらいが一番微生物の活動のバランスがよくなるのです。できたら毎日同じくらいの時間に、底からじっかりムラがないようにかき混ぜましょう。保存容器を高さがあるものにするのも、混ぜやすいだけでなく、ゆっくりゆっくり空気を回したいからです。
ぬか床には、腸の癒し菌といわれる「酪酸菌《らくさんきん》」や「植物性乳酸菌」が入っています。「酪酸菌」は、チーズ（すべてではない）とぬか床にしか入っていない菌で、整腸作用が非常に強い。「植物性乳酸菌」はビタミンB群を豊富に生成する働きを持っています。

漬ける

野菜のぬか漬け

これさえあれば、ごはんが何杯でも食べられる、私の大好物。古漬けになったら、刻んで、油＋しょうゆ、または油＋塩こしょうをかけてサラダにしても。酢をかけなくても、酸味は十分です。

材料（作りやすい分量）
かぶ……２個
にんじん……１本
セロリ…… 1/2 本
ぬか床（p.87）
塩……適量

作り方

1　かぶは葉を落とし、皮つきのまま縦半分に切る。にんじんは縦半分に、セロリは筋をとる。

2　塩を野菜全体によくもみ込む。

3　ぬか床にぐっと押し込む。１〜２日おくと食べごろ。ぬかを洗い流し、食べやすい大きさに切って器に盛る。

漬けて焼く

いわしのへしこ風

珍味・へしこにも挑戦。ぬかに漬けるといわし独特の臭みが簡単にとれ、脂もおいしく感じられます。魚はほかに、さんまやさばなどでも。

材料（２人分）

いわし……２尾
ぬか床（p.87）……適量
塩……適量

いわし全体と、腹ワタをとり出したところにも、ぬかを塗る。

※４日以上漬けると、酸味が増します。

作り方

1 いわしはワタをとり出し、表面と腹ワタをとり出した部分にもしっかり塩を振る。しばらくおいて表面に水けが出てきたらペーパータオルで丁寧に拭く（臭みもとれる）。

2 保存袋に入れ、いわし全体と内臓をとり出したところに、ぬか床をしっかりと塗る（中ぐらいのいわしなら大さじ５くらい）。冷蔵庫に２～３日おく。

3 とり出して、水洗いしてぬかを落とし、ペーパータオルで水けを拭く。

4 よく熱した魚焼きグリルで表側から焼き、返して裏側もこんがりと焼く。器に盛り、大根おろしと、あれば穂じそを飾る。

みそを手作りする

発酵教室の中でも人気が高く、店のみそ教室はいつも満員御礼！　教室では生玄米麹を使いますが、ここでは手に入りやすい生米麹を使用し、熟成期間により、白みそと赤みそのどちらにもなるような作り方にしてご紹介。通常より麹を倍量使った贅沢な味わいのみそを楽しんでください。

材料（作りやすい分量）

生米麹……1kg

大豆（国産）……500g

塩（自然塩）……250g

※塩は自然塩ならなんでもOK。

保存容器

4.5ℓ～5ℓの容量で口が広く、側面に凹凸がないもの。ホーロー製やプラスチック製、木製などが向く。直射日光が当たるガラス製は避ける。

仕込み

12～4月までの涼しい間。

食べごろ

半年～一年後。白みそで食べたいときは半年後、赤みそにしたい場合は一年後。でき上がったみそは小分けにして保存容器に入れ、落としラップをして冷蔵庫で保存。

1 大豆を浸漬《しんし》させる

大きめの鍋に大豆を入れ、たっぷりの水（大豆の約3倍量くらい）を注ぎ、一晩（8時間）以上浸す。

水を含み、細長くぷっくりとしたらOK！

2 浸した水で大豆をゆでる

豆を浸しておいた水は捨てずに、たっぷりになるまで水を足し、強火にかける。フワ～ッと白いアクが出てきたらアクをとり、沸騰直前で弱火にする。最初は豆が焦げないよう時々おたまで混ぜながらゆでるのがコツ。

浸しておいた水でゆでるのは、*メイラード反応がおきやすくするためです。

3 水の量をキープし、3〜4時間ゆでる

アクが出たらこまめにとり、常に豆が踊るくらいたっぷりの水をキープするために時々水を足しながら3〜4時間ゆでる。これで火の通りが均一に！

指で簡単につぶれるくらいになったら、ゆで上がり。

4 麹に塩を混ぜる

大豆をゆでている間に、米麹に塩を混ぜる（＝塩きりする）。米麹を大きめのボウルに入れ、塩ひと握りを振りかけ、混ぜる。全体に混ざったら、再び塩ひと握りを振りかけて混ぜる、をくり返す。塩が下にたまらないよう注意。

5 大豆をざるに上げる

大豆は熱いうちにざるに上げ、ゆで汁と豆に分ける。

ゆで汁を煮詰めるのは、たんぱく質の濃度を高め、＊メイラード反応をおこしやすくするため。みその色を濃くしたくない場合は、ゆで汁はもう使いません。

6 ゆで汁を煮詰める

大豆をゆでた汁を火にかけ、少しとろみがつくまで煮詰める。焦げやすいので、おたまなどで混ぜながら煮詰める。

7 大豆をつぶす

粗熱がとれたらビニール袋に入れ、口を縛って、手のひらでギュウギュウ押しながらつぶす。ビニール袋が破れたら、さらにもう一枚をかぶせてつぶす。大豆の粒がだいたいなくなり、全体にねっとりしてきたら、つぶし終わり。

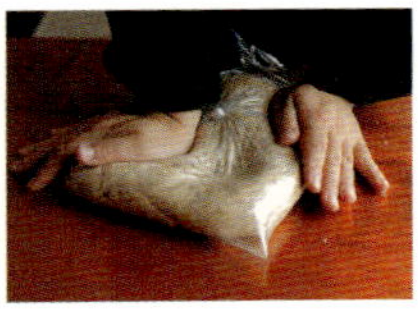

粒が残っていると発酵がうまくいかないので、できるだけ粒をなくす。熱いほうがつぶしやすいので、ここは少しガマン！

発酵王子のおいしい話

「メイラード反応」とは、たんぱく質やアミノ酸による化学反応のこと。赤みそにする場合は、色を出すためにたんぱく質をより多く残したいので、大豆を浸漬（浸水）させた水（大豆のたんぱく質が溶け出ている）でゆで、麹と大豆を練り混ぜるときも、大豆のたんぱく質が溶け出たゆで汁を使います。逆に色をあまり出したくない場合は、浸漬時間を長くし、大豆を浸した水を捨てて新しい水でゆで、麹と混ぜるときも水を加えます。
赤くしたいときの別の方法としては、浸漬時間を短くし、ゆでる代わりに蒸し、その蒸し時間を長くする（大豆の中のたんぱく質が逃げない）方法もあります。

同じ作り方でも、熟成期間で色が変わる！

8 大豆に麹を混ぜる

テーブルにビニールシートやラップを敷き、大豆をビニール袋から出す。つぶした大豆で土手を作り、麹の1/4～1/5量を中央に入れる。

9 土手をくずしながら混ぜる

土手を崩しながら、手首に体重をかけるようにして全体に練り込んでいく。粒がなくなったら、再び土手を作り、米麹を1/4～1/5量を加える、をくり返す。

ボソボソになり、水分が足りなくなったら、**6** の煮汁を少し足して混ぜる。みその色を濃くしたくない場合は、煮汁の代わりに水を足す。

耳たぶくらいの固さになったら、混ぜ終わり。

10 保存容器を焼酎で拭く

腐敗菌から守るため、ペーパータオルなどに焼酎をしみ込ませ、保存容器の内側をきれいに拭く。

11 みそ玉を作る

野球ボールより少し大きいくらいのボール形に丸める。空気を抜くように軽くパンパンたたきながら形作る。

みそ玉のでき上がり

12 保存容器に投げ入れる

保存容器にみそ玉を1個ずつ投げ入れ、2～3個入れたら、空気を含まないように手でしっかりおさえる。

投げ入れると、
空気が抜ける！

13 空気が入らないように詰める

手のひらを使って隅まできちんと詰め、表面を平らにならす。少し中央が高くなるようにする。

14 焼酎を振る

全部詰めたら、腐敗防止のために表面に焼酎を振りかける。

15 ラップをかけて保存

ラップを保存容器の口よりも大きく切り、みそが空気に触れないようにピタッと貼りつける。ラップの縁は小さく折りたたんで容器につかないようにする。

16 容器をきれいにする

焼酎で湿らせたペーパータオルで、容器をきれいに拭く。みそが容器の縁についていると、そこが腐敗の原因になるので、丁寧に！

17 フタをして保管する

1～2カ月、ベランダに置き、熟成させる。

18 天地返し

天地返しは、発酵ムラを防ぐための作業。仕込みから1～2カ月経ち、表面にうっすらと水けが出てきたら、天地返しのタイミング。大きい皿を当てて保存容器を返し、ドンドンと振って、みそをとり出す。出ない場合は、プリンを出すように容器とみその間に包丁を入れてとり出す。

19 みそ玉を作って詰め、再び保管

みそが入っていた保存容器をきれいに洗って拭き、焼酎でペーパータオルを湿らせて拭き、みそ玉を作って保存容器に詰める（**10～16**参照）。フタをしてベランダにおき、4～10カ月（仕込みから半年～1年）保管する。

発酵王子のおいしい話

みそ作りの注意点

・仕込む時期

「寒仕込み」という言葉があるように、みそは雑菌の繁殖が少ない寒い時期に仕込むのがおすすめ。また、麹が一番元気な夏を過ごすこともおいしくする秘《ひ》訣《けつ》。12月～4月までには仕込み、早くても秋口まで、おいしくなるのをじっとガマンします。また、みそを作る日の朝、納豆を食べるのは厳禁。納豆菌がついてしまい、粘りのあるみそに。天地返しのときも同様です。

・保管場所

昔は冷暗所に保管が常識でしたが、現在では家の中で冷暗所を見つけるのは難しい。もちろん、冷暗所がある家なら、それにこしたことはありませんが、風通しがよく直射日光が当たらない場所なら―マンションならベランダでも―OK。熱がこもってしまうキッチンや、冷房をかける部屋はNG。このように温度調節することなく（材料は大豆と麹と塩のみで）作ったみそが、天然醸造です。

麹Q&A

麹や麹漬けについて、教室にくる方からもよく質問を受けます。その中から多いものを中心に掲載しました。参考にしてください。

Q 生麹と乾燥麹の違いは？

A 生麹は、麹室《こうじむろ》から出してきたばかりのもの。「甘酒」をそのまま飲む場合はこちらがおすすめです。日持ちがあまりしないので、買い求めたら冷蔵庫または冷凍庫で保存を。冷蔵庫で1～2週間、冷凍庫なら2カ月ほど保存可。冷凍したものは自然解凍してから使います。乾燥麹は、長期保存を可能にするために生麹を低温乾燥させたもの。麹菌の効力に特に差はありません。こちらも保存は冷蔵庫か冷凍庫で。本書の「塩麹床」を作る場合は、水の量を生麹のときより増やすか（P.52）、事前に表示通り戻してから使います。甘酒床はほぐして生麹同様に作ります。ちなみに、カビが生えた生麹は使えません。

Q 漬かったかどうかは、どのようにして判断すればいいのですか？

A 野菜は全体的にやわらかくなります。魚は透明感が出てきて、表面がねっとりとしてきます。肉は見た目では判断しにくいので、日数で判断するしかありません。

Q 甘酒が甘くありません！

A その場合はもう1時間保温してください。甘酒が甘くないということは、でんぷんがブドウ糖に変化していないということ。甘くない甘酒は食べ物を分解してくれず、体にかかる負担を軽減しません。また、甘酒ができたかどうかは「甘くなったか、どうか」でしか判断できません。「甘い！」と感じるまで保温してください。どうしても甘いのが苦手という方は、麹の量を減らして甘さを加減します。

Q 漬けすぎてしまった野菜は、もう食べられない？

A 塩麹や甘酒に漬けすぎた野菜は、酸っぱくなります。酸味がある野菜（ピクルス）と考え、だしと塩を足して山形の「だし」風にしたり、細かく刻んでチャーハンやスープなどの料理にしていただきましょう。特にきゅうりはアルコール発酵しやすく、約３日でアルコールの味しかしなくなります。そうなってしまったきゅうりは、しょうゆに葉唐辛子または青唐辛子と漬けて鉄砲漬け風に。

Q 刺し身や魚を漬けるときは、さらしを使わないといけないのでしょうか。

A さらしを使うと、発酵ムラが少なく、少量の漬け床でも全体に味が回ります。ペーパータオルでは溶けてしまうし、ガーゼは少し目が粗すぎることを考えると、やはり、さらしがベスト。使用後は手洗いすれば何度でも使えます。生地屋さんや東急ハンズなどで購入可能。９～10ｍで１０００円前後。漬け汁を使う料理は、さらしで巻く必要はありません。

Q 冷凍した肉や魚を漬けることも可能ですか？

A 冷凍した肉や魚は、完全に解凍してから漬けてください。芯が少し残っているだけでも危険です。麹菌は外側にいる腐敗菌とは戦ってくれますが、溶け始めたドリップの中に潜んでいた腐敗菌からは守ってくれません。腐敗菌も麹が精製したブドウ糖が大好きなので、冷凍のまま漬けると、１００％に近い確率で腐敗してしまいます。

Q 漬け日数が過ぎても、食べられなかった肉や魚はどうしたらいい？

A この本で紹介した甘酒床は生甘酒なので、アルコール発酵してしまいます（アルコールの味ばかりし、おいしくない）。しばらく食べられそうにないときは、肉や魚はさらしや保存袋から出してラップで包み、さらに冷凍焼けしないようにアルミホイルで包んで冷凍するといいでしょう。食べるときは解凍し、加熱調理に利用を。塩麹は火入れしてあるので、基本的には甘酒に漬けるよりは日持ちがします。

Q 甘酒や塩麹が分離してしまいます。

A 通常分離します。かき混ぜて使いましょう。

麹のお取り寄せ情報

甘酒も塩麹も、麹がなければ作れません！ということで、お取り寄せ可能なお店の情報を集めました。

那須《なす》天然《てんねん》味噌《みそ》日野屋《ひのや》

創業100年、本物の天然味噌にこだわった、みそ屋さんの麹（米麹、玄米麹）は、栃木県産のコシヒカリ100%。電話注文しておけば、東京青山で毎週土日に行われるファーマーズマーケットで受け取ることも可能。

●日野屋　白米糀(生) 1kg 900円　玄米糀(生) 1kg 950円(税込・送料別)　〒329-3222　栃木県那須郡那須町大字寺子丙3-89　電話：0287-72-0342　fax：0287-72-0383　お取り寄せ方法／電話、FAXにて注文。夏場（8月）は麹の取り寄せは休み。

白米糀

玄米糀

名刀《めいとう》味噌《みそ》本舗《ほんぽ》

温暖な気候と吉井川のゆたかな自然に育まれた岡山県瀬戸内市。そこで三代続く、みそ屋さんの麹。創業当時からのこだわりの岡山県産玄米生麹を、独自の方法で最もよい状態で乾燥させた「玄米こうじ」は、手作りみそや甘酒作りに最適。甘みのあるみそ作りに欠かせない「麦こうじ」も取り寄せできる。

●名刀味噌本舗　乾燥玄米こうじ 500g 840円、乾燥麦こうじ 500g 630円（税込・送料別）〒701-4264　岡山県瀬戸内市長船町土師14-3　電話：0869-26-2065（9:00～17:00 日祝日除く）fax：0869-26-2043 お取り寄せ方法／インターネット：http://www.meitoumiso.com/ またはメール：info@meitoumiso.com にて注文。

乾燥玄米こうじ

乾燥麦こうじ

スーパーなどで！

伊勢惣《いせそう》

スーパーなどで手に入りやすいのが、この「乾燥麹」。低温で乾燥させているので日持ちがする上に、栄養価や麹の効果は、生麹と差がない。事前に水で戻してから生麹のようにやわらかくしてから使っても。豆腐や漬け物の売り場で手に入る。

●株式会社伊勢惣　乾燥こうじ 200g 350円 〒174-0065 東京都板橋区若木1-2-5　0120-22-4130　fax：03-3934-7366　http://www.isesou.co.jp/

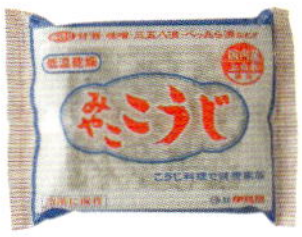

みやここうじ

佐々木《ささき》製麹《せいきく》本舗《ほんぽ》

雪深いみちのくの味と香りが存分に生きた200年続く老舗のみそ屋。この店で人気の「雪の下みそ」「寒麹」「甘酒」の原料として使われている麹がお取り寄せ可能！伝統製法にさらに研究を重ねて仕上げられた味をどうぞ。

●佐々木製麹本舗　雪の下こうじ（生）500g 420円　1kg 630円（税込・送料別）　〒013-0481　秋田県横手市雄物川町薄井95　0120-30-1523　電話：0182-23-1523　fax：0182-23-1524 お取り寄せ方法／電話またはFAXにて。

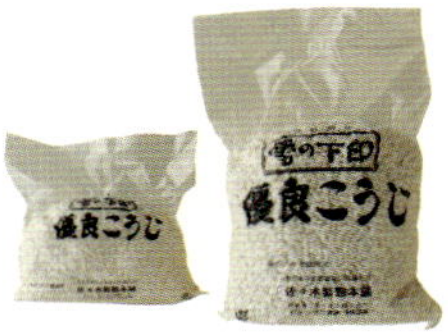

雪の下こうじ

まだまだある！　お取り寄せ可能な麹販売店

店名	住所	電話番号・FAX・インターネット	取り寄せ可能な麹の種類・値段　備考
●大徳屋商店	岩手県遠野市穀町 2-8	☎ 0198-62-3041・F 0198-62-0616 http://www.tonotv.com/members/daitokuya/	生米こうじ 500g 451円（税込・送料別）
●小林麹味噌店	千葉県八千代市保品 1000	☎ 047-488-2022・F 047-488-2012 http://www.koba-kouji.com/	生米こうじ 1kg 1000円、生麦こうじ 1kg 945円（税込・送料別）ほか
●北島こうじ店	東京都立川市錦町 1-4-28 MYST 立川1F	☎&F 042-524-3190 http://www13.plala.or.jp/komekoujiya/	生米こうじ 300g 370円（税込・送料別） ※改装工事のため、2011年11／10以降～お取り寄せ可能
●井上糀店	東京都町田市小山町 2520	☎ 042-797-7044・F 042-797-7085 http://www.komemiso.com/	生米こうじ 500g 788円、生麦こうじ 500g 630円、生玄米こうじ 500g 840円（税込・送料別）
●鈴木こうじ店	静岡県静岡市駿河区 高松 1944-1	☎ 054-237-1593（または 054-238-2392） F 054-238-2392　http://suzukikoujiya.com/	生米こうじ 1kg 800円、生玄米こうじ 1kg 970円、生麦こうじ 1kg 800円ほか（税込・送料別）
●九重味噌製造	滋賀県大津市中央 1-7-18	☎ 077-522-2184・F 077-522-2310 http://www.kokonoemiso.com/	生米糀 500g500円、1kg 1000円、1升（1.3kg）1300円（税込・送料別）※電話で在庫があるか確認後注文を。
●生こうじの大阪屋	京都府舞鶴市堀上 68	0120-038-502・☎&F 0773-75-0550 http://www.namakouji.com/	生米こうじ（生）約 1kg 1280円、無農薬生米こうじ約 1kg 1890円ほか（税込・送料別）
●播州こうじや	兵庫県神崎郡神河町 新野 677	☎ 0790-34-0258・F 0790-34-1389 http://www.bansyuukoujiya.ecnet.jp/	乾燥米麹 250g330円、800g880円、生米麹 1kg～計り売り 880円～（税込・送料別）
●まるみ麹本店	岡山県総社市美袋 1825-3	0120-19-1028　☎ 0866-99-1028 F 0866-99-1085・http://marumikouji.jp/	生米麹約 1.3kg 1260円、乾燥米麹 500g 720円（税込、送料別）ほか
●池田屋醸造	熊本県熊本市京町 1-10-21	☎ 096-352-0309・F 096-356-1858 http://www.ikedayamiso.com/	生米麹 1kg 880円、生麦麹 1kg 750円、玄米麹 1kg 1100円ほか（税込・送料別）

このページの情報は2011年8月現在のものです。

発酵王子こと

伏木暢顕　ふしきのぶあき

東京・祐天寺の「発酵食堂　豆種菌」の料理長で菌マイスター。店で腕を振るうほか、発酵教室の講師としても活躍中。お店以外での発酵教室も開催。アトピー体質だったが、甘酒、ぬか漬け、納豆の三つを毎日欠かさず食べていたら、いつの間にか治っていたそう。「今年に入ってからほとんど休みなしですが、発酵食のおかげで風邪も引いていません」と、自ら発酵食パワーを実感中。

発酵食堂　豆種菌（まめたんきん）

発酵食を究極の美と健康の原点として注目し、「体の中からきれいに」をモットーに2010年にオープン。発酵食から消化酵素や生きた善玉菌を摂取し、免疫力を高めることを提唱している。甘酒教室、納豆教室、みそ作り教室、しょうゆ教室など14種の発酵教室を随時開催。

東京都目黒区五本木1-6-3

☎03-3710-9804

http://www.e-co.com/shop/mametankin.html

料理アシスタント　田中一啓

アートディレクション・デザイン　長谷川佳央　高市美佳

撮影　矢野宗利

スタイリング　坂上嘉代

挿し絵　山本祐布子

編集　飯村いずみ

「発酵食堂《はっこうしょくどう》　豆種菌《まめたんきん》」の麹《こうじ》の料理《りょうり》

2011年9月30日　第1刷発行

2012年4月20日　第9刷発行

著　者　伏木暢顕《ふしきのぶあき》

発行者　友田　満

印刷所　図書印刷株式会社

製本所　図書印刷株式会社

発行所　株式会社　日本文芸社

〒101-8407　東京都千代田区神田神保町1-7

☎03-3294-8931（営業）　03-3294-8920（編集）

Printed in Japan　112110920-112120410Ⓝ09

ISBN978-4-537-20928-0

URL　http://www.nihonbungeisha.co.jp/

編集担当　吉村